中国出版业发展现状及结构研究报告

第二卷

李治堂　赵　辉　著

知识产权出版社

全国百佳图书出版单位

图书在版编目（CIP）数据

中国出版业发展现状及结构研究报告.第二卷/李治堂,赵辉著.—北京:知识产权出版社,2019.1

ISBN 978-7-5130-5252-8

Ⅰ.①中… Ⅱ.①李… ②赵… Ⅲ.①出版业－发展－研究报告－中国 Ⅳ.①G239.2

中国版本图书馆CIP数据核字(2017)第269426号

内容提要

　　本书以我国大部分地区的出版结构数据及发行数据为基础,对我国出版产业结构及其演变趋势进行了研究,全面分析了出版产业的发展,揭示了出版产业在国民经济中的地位变化、传统出版业内部结构调整以及数字出版在出版业中的特征及发展趋势。本书还阐述了美国信息传媒业的产业规模与效益,全面分析了中美两国出版产业在发展规模、结构与效益方面的差距,能够为中国广大出版业从业者提供参考。

责任编辑：许　波　张冠玉　　　　　　　　责任印制：孙婷婷

中国出版业发展现状及结构研究报告 第二卷
ZHONGGUO CHUBANYE FAZHAN XIANZHUANG JI JIEGOU YANJIU BAOGAO DI-ER JUAN
李治堂　赵　辉　著

出版发行：知识产权出版社 有限责任公司	网　　址：http://www.ipph.cn
电　　话：010-82004826	http://www.laichushu.com
社　　址：北京市海淀区气象路50号院	邮　　编：100081
责编电话：010-82000860转8699	责编邮箱：zhangguanyu@cnipr.com
发行电话：010-82000860转8101	发行传真：010-82000893
印　　刷：北京九州迅驰传媒文化有限公司	经　　销：各大网上书店、新华书店及相关专业书店
开　　本：720mm×1000mm　1/16	印　　张：18
版　　次：2019年1月第1版	印　　次：2019年1月第1次印刷
字　　数：230千字	定　　价：72.00元
ISBN 978-7-5130-5252-8	

前　言

新闻出版产业是我国文化产业的重要组成部分，其产值占文化产业产值的40%左右。在我国经济进入新常态，传统经济增速放缓的大背景下，新闻出版产业的增长整体上快于国民经济的增长，新闻出版业在整个经济中的地位在逐渐上升。中国图书、报纸和期刊的出版数量已经稳居世界各国之首，成为名副其实的出版大国。尽管如此，我国还称不上出版强国，中国出版业的整体发展水平和实力与美国等发达国家还有不小的差距。2013年，中国出版业增加值占国内生产总值的0.25%，而美国的占比为1.67%，是中国的6倍多，2012年，美国出版业的劳动生产率是22.77万美元/（人·年），中国出版业的劳动生产率是17.43万元/（人·年）。

随着建设社会主义文化强国战略的确立，我国出版产业发展面临新的机遇，同时，文化体制改革的推进、市场经济的深入发展、国际经济一体化趋势的加强以及数字技术的快速发展都给出版产业发展提出了挑战，在出版业发展过程中，出版业结构也受到了产业发展的影响，出版业正是在不断结构变化的过程中实现着转型、升级与发展。

本课题组经过两年多的时间，对出版产业结构及其演变趋势进行了认真的研究，全面分析了出版产业的发展与结构变化，取得了以下六个方面的成果：

1.利用产业经济学的定量分析方法，分析了我国出版产业的结构变化，揭示了出版产业在国民经济中的地位变化、传统出版业内部结构变化以及数字出版在出版业中的地位变化的趋势及特征。

2.全面比较了中美两国出版产业在发展规模、结构与效益方面的差距，得出了中国出版业的发展与中国已经成为世界第二大经济体的地位不相称，美国出版业以新兴出版为主，而中国出版业中传统出版所占比重较大，中国出版业的劳动生产率远远低于美国出版业的劳动生产率的结论。

3.分析了美国信息传媒业的产业规模与效益，美国信息传媒业是美国经济的支柱产业之一，占其GDP的5%左右，这一指标远高于中国信息传媒业占我国GDP的比重。美国新型的数据处理、互联网出版和其他信息服务业将会更快地增长，这对中国传统出版与数字出版的融合发展具有一定的启发意义。

4.利用计量经济模型，分析了影响我国出版业结构变化的因素，特别是数字出版在出版业中的比重受到收入因素和技术进步因素的影响，GDP的提高和移动电话普及率的提高对数字出版的发展具有显著的正向影响。

5.分析了我国期刊出版、少数民族文字图书出版中存在的不平衡等结构性问题，并提出了相应的对策。

6.研究了出版公共服务体系建设、出版企业动态能力评价等方面的问题，这些方面在产业和企业层面影响着出版业的结构与发展。

在本课题研究中，研究生赵辉、杨爱华、黄烨锋、王雪丽、朱婉云参与了数据搜集、整理和论文的撰写工作，赵辉依托本课题完成了学位论文，本书第三章由赵辉撰写；杨爱华对中国出版业的相关数据进行了全面的汇集整理，为研究提供了重要的数据基础；黄烨锋、王雪丽、朱婉云三位同学结合课题撰写并发表了3篇学术论文。在此，对他们的工作表示感谢。

同时也感谢在课题研究中给予帮助的学校领导和同事。感谢知识产权出版社的编辑，他们为本书的出版付出了辛勤的劳动。

由于著者水平有限，书中疏漏之处在所难免，恳请各位专家同行不吝指正。

李治堂

2016年8月

目　录

contents

第一章 湖北省出版业发展状况分析

一、图书出版

截至2013年，湖北省共有出版单位28家，其中图书出版单位14家，音像出版单位7家，电子出版物出版单位7家。

2006—2013年，湖北省图书出版数量见表1-1。2013年，湖北省出版图书13900种，其中新出版品种8445种，总印数2.6亿册，总印张数20.9亿印张。

表1-1 湖北省图书出版数量（2006—2013年）

年份	出版品种数（种）	新出版品种数（种）	总印数（亿册）	总印张数（亿印张）
2006	6157	3725	2.1	15.8
2007	6657	4054	2.1	14.9
2008	7067	4046	2.3	16.3
2009	8627	4477	2.3	16.6
2010	10464	6328	2.8	20.0
2011	11122	6544	2.6	19.7
2012	14145	8362	2.6	20.8
2013	13900	8445	2.6	20.9

数据来源：国家统计局网站

2006—2013年，图书出版品种数逐年增加，新出版品种数也不断增加，图书出版规模有较快增长，如图1-1所示。

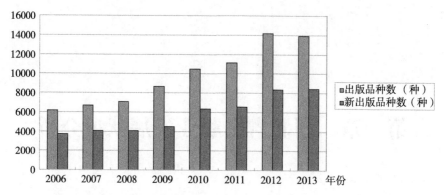

图1-1　2006—2013年历年湖北省图书出版品种数和新出版品种数

2006—2013年，图书出版总印数呈先升后降趋势并趋于稳定，总印张数在波动中呈上升趋势，如图1-2所示。

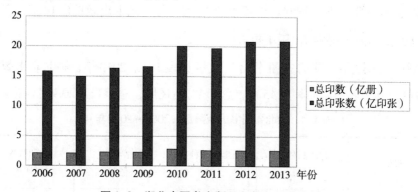

图1-2　湖北省图书出版总印数和总印张数

2007—2013年，图书出版品种数增长率除2013年为负值外，其余年份均为正值。新出版品种增长率2008年为负值，其余年份均为正值，增长最快的是2010年，达到41.3%。如表1-2、图1-3所示。

表1-2　湖北省图书出版增长率（2007—2013年）

年份	出版品种数增长率（%）	新出版品种数增长率（%）	总印数增长率（%）	总印张数增长率（%）
2007	8.1	8.8	0.0	−5.7
2008	6.2	−0.2	9.5	9.4
2009	22.1	10.7	0.0	1.8
2010	21.3	41.3	21.7	20.5
2011	6.3	3.4	−7.1	−1.5
2012	27.2	27.8	0.0	5.6
2013	−1.7	1.0	0.0	0.5

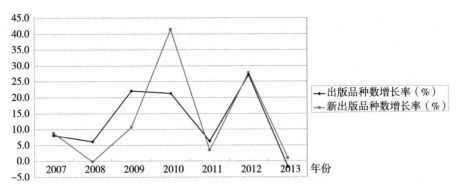

图1-3　2007—2013年历年湖北省图书出版品种数增长率和新出版品种数增长率

2007—2013年，图书出版总印数2011年为负增长，2010年增长率高达21.7%。总印张数2007年、2011年为负值，其余年份增长率为正值。如图1-4所示。

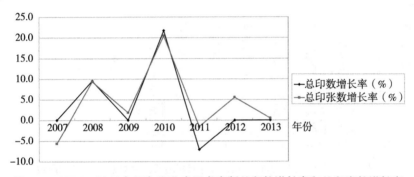

图1-4　2007—2013年历年湖北省图书出版总印数增长率和总印张数增长率

二、期刊出版

2006—2013年，湖北省期刊出版数量见表1-3。2013年，湖北省共出版期刊423种，每期平均印数1166.4万册，总印数3.1亿册，总印张数17.8亿印张。

表1-3　湖北省期刊出版数量（2006—2013年）

年份	出版品种数 （种）	每期平均印数 （万册、万份）	总印数 （亿册）	总印张数 （亿印张）
2006	417	998.0	2.2	8.5
2007	417	1110.0	2.4	11.0
2008	406	1220.0	2.8	12.0

续表

年份	出版品种数 （种）	每期平均印数 （万册、万份）	总印数 （亿册）	总印张数 （亿印张）
2009	423	1387.0	3.3	14.1
2010	423	1241.0	3.0	14.8
2011	422	1227.1	3.0	16.1
2012	422	1279.6	3.4	18.7
2013	423	1166.4	3.1	17.8

数据来源：国家统计局网站

2006—2013年，期刊出版品种数变化不大。2006年为417种，2013年为423种。每期平均印数呈先升后降趋势，在2009年达到最大值。如图1-5所示。

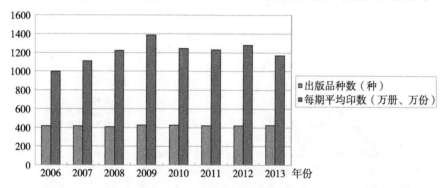

图1-5　2006—2013年历年湖北省期刊出版品种数和每期平均印数

2006—2013年，期刊出版总印数有所波动，在2012年总印数达3.4亿册，在2013年有所下降。2006—2012年，总印张数逐步增长，在2013年有所下降。如图1-6所示。

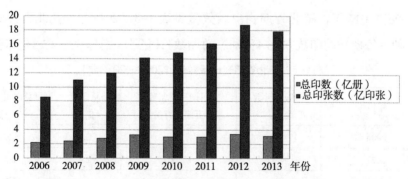

图1-6　2006—2013年历年湖北省图书出版总印数和总印张数

2007—2013年，期刊出版品种数增长率变化不大，每期平均印数增长率变化较大，在2009年高达13.7%，在2010年低至-10.5%。如表1-4、图1-7所示。

表1-4 2007—2013年历年湖北省期刊出版增长率

年份	出版品种数增长率（%）	每期平均印数增长率（%）	总印数增长率（%）	总印张数增长率（%）
2007	0.0	11.2	9.1	29.4
2008	−2.6	9.9	16.7	9.1
2009	4.2	13.7	17.9	17.5
2010	0.0	−10.5	−9.1	5.0
2011	−0.2	−1.1	0.0	8.8
2012	0.0	4.3	13.3	16.1
2013	0.2	−8.8	−8.8	−4.8

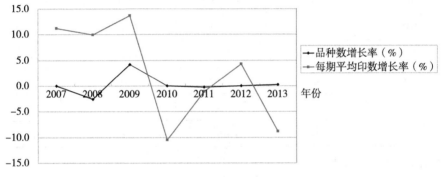

图1-7 2007—2013年历年湖北省期刊出版品种数增长率和每期平均印数增长率

2006—2013年，2010年、2013年总印数增长率为负值，其余年份均为正增长或保持不变。总印张数增长率有较大变化，在2013年增长率为负值，其余年份均为正增长。如图1-8所示。

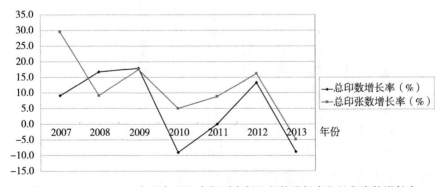

图1-8 2007—2013年历年湖北省期刊出版总印数增长率和总印张数增长率

三、报纸出版

2006—2013年，湖北省报纸出版数量见表1-5。2013年，湖北省出版报纸74种，每期平均印数816.1万份，总印数19.8亿份，总印张数85.9亿印张。

表1-5　湖北省报纸出版数量（2006—2013年）

年份	出版品种数（种）	每期平均印数（万份）	总印数（亿份）	总印张数（亿印张）
2006	74	584.5	15.4	45.3
2007	74	626.4	15.9	48.4
2008	74	684.8	17.4	86.8
2009	74	683.5	17.1	79.1
2010	74	716.0	18.2	89.0
2011	73	907.7	19.8	88.8
2012	74	836.5	20.5	93.0
2013	74	816.1	19.8	85.9

数据来源：国家统计局网站

2006—2013年，报纸出版品种数几乎没有变化。每期平均印数逐步增长，在2011年达到最大值，随后开始下降。如图1-9所示。

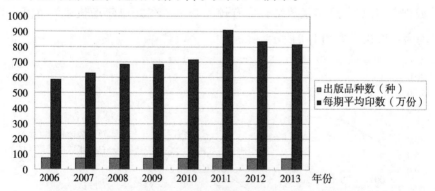

图1-9　2007—2013年历年湖北省报纸出版品种数和每期平均印数

2006—2013年，报纸出版总印数和总印张数呈先上升后下降趋势，2012年达到最大值，至2013年开始下降。如图1-10所示。

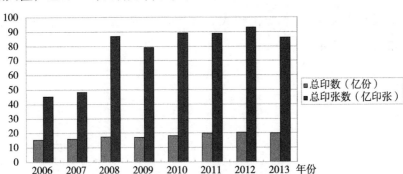

图1-10　2006—2013年历年湖北省报纸出版总印数和总印张数

2007—2013年，报纸出版品种数基本保持不变，每期平均印数增长率有一定变化，在2011年增长26.8%。如表1-6、图1-11所示。

表1-6　湖北省报纸出版增长率（2007—2013年）

年份	出版品种数增长率 （%）	每期平均印数增长率 （%）	总印数增长率 （%）	总印张数增长率 （%）
2007	0.0	7.2	3.2	6.8
2008	0.0	9.3	9.4	79.3
2009	0.0	−0.2	−1.7	−8.9
2010	0.0	4.8	6.4	12.5
2011	−1.4	26.8	8.8	−0.2
2012	1.4	−7.8	3.5	4.7
2013	0.0	−2.4	−3.4	−7.6

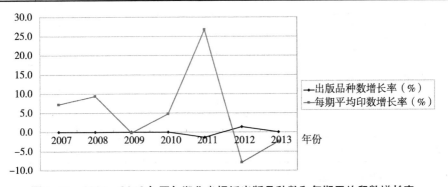

图1-11　2007—2013年历年湖北省报纸出版品种数和每期平均印数增长率

2007—2013年报纸出版总印数2009年、2013增长率为负值，其余年份均为正值。总印张数增长率变化较大，在2008年增长79.3%，在2009年下降8.9%，如图1-12所示。

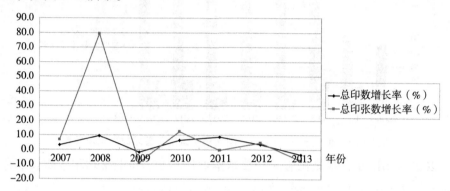

图1-12　2007—2013年历年湖北省报纸出版总印数增长率和总印张数增长率

四、儿童读物出版

2006—2013年，湖北省儿童读物出版数量见表1-7。2013年，儿童读物出版品种367种，总印数539万册，总印张51618千印张。2013年，儿童读物出版品种数、总印数和总印张数与2012年相比均有较大幅度下降。

表1-7　湖北省儿童读物出版数量（2006—2013年）

年份	儿童读物出版品种数（种）	儿童读物出版总印数（万册）	儿童读物出版总印张（千印张）
2006	279	733	26934
2007	398	626	22785
2008	352	713	25925
2009	540	1448	69343
2010	652	1549	66268
2011	580	1176	67262
2012	436	984	68182
2013	367	539	51618

数据来源：国家统计局网站

2006—2013年，儿童读物出版品种数变化较大，在2010年达到最大值，为

652种，在2013年下降至367种。如图1-13所示。

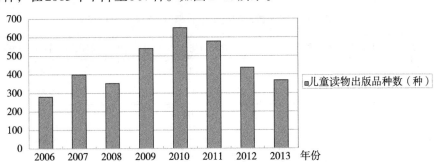

图1-13 2006—2013年历年湖北省儿童读物出版品种数

2006—2013年，儿童读物出版总印数变化较大，在2010年达到最高值，为1549万册，在2013年下降至539万册。如图1-14所示。

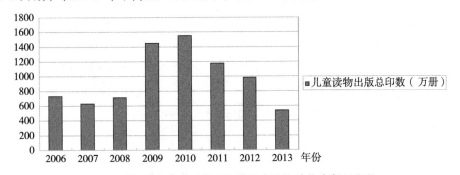

图1-14 2006—2013年历年湖北省儿童读物出版总印数

2006—2013年，儿童读物出版总印张数在2009年达到最高值，2013年与2012年相比大幅下降。如图1-15所示。

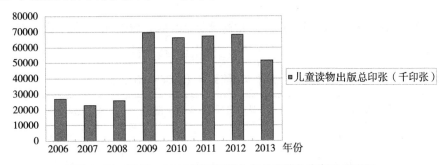

图1-15 2006—2013年历年湖北省儿童读物出版总印张数

2007—2013年，出版品种数增长率变化较大，在2009年增长53.4%，在2012年下降24.8%。总印数2009年增长103.1%，在2013年下降45.2%。总印张数2009年增长167.5%，在2013年下降24.3%。如表1-8、图1-16所示。

表1-8 湖北省儿童读物出版增长率（2007—2013年）

年份	出版品种数增长率（%）	总印数增长率（%）	总印张数增长率（%）
2007	42.7	-14.6	-15.4
2008	-11.6	13.9	13.8
2009	53.4	103.1	167.5
2010	20.7	7.0	-4.4
2011	-11.0	-24.1	1.5
2012	-24.8	-16.3	1.4
2013	-15.8	-45.2	-24.3

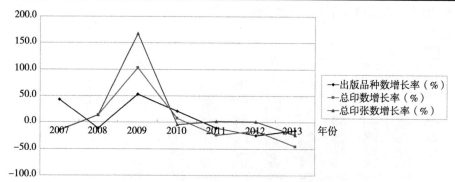

图1-16 2007—2013年历年湖北省儿童读物出版增长率

五、课本出版

2006—2013年，湖北省课本出版数量见表1-9。2013年，课本出版品种数2407种，课本出版总印数8321万册，总印张642344千印张。

表1-9 湖北省课本出版数量（2006—2013年）

年份	课本出版品种数（种）	课本出版总印数（万册）	课本出版总印张（千印张）
2006	1813	3502	256136
2007	1613	11872	842272
2008	1575	11844	841358
2009	1500	8788	647281

续表

年份	课本出版品种数（种）	课本出版总印数（万册）	课本出版总印张（千印张）
2010	1388	9755	690494
2011	1624	9424	662849
2012	2242	8387	606224
2013	2407	8321	642344

数据来源：国家统计局网站

2006—2013年，课本出版品种数有较大波动，呈先下降后上升的趋势，在2010年下降到1388种，在2013年达到2407种。如图1-17所示。

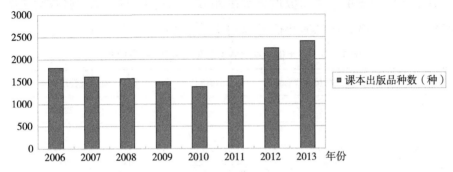

图1-17 2006—2013年历年湖北省课本出版品种数

2006—2013年，课本出版总印数在2007年达到最高值，随后在波动中逐渐下降。如图1-18所示。

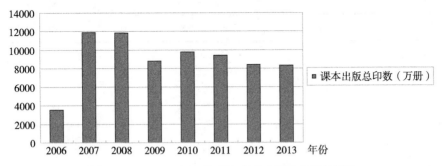

图1-18 2006—2013年历年湖北省课本出版总印数

2006—2013年，课本出版总印张数变化与总印数变化趋势相似，在2007年达到最高值，2013年与2012年相比有所增长，但仍低于2007年的水平。如图1-19所示。

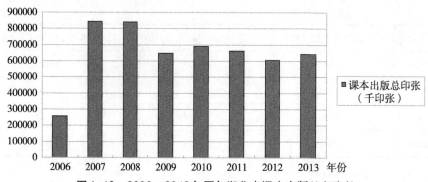

图1-19 2006—2013年历年湖北省课本出版总印张数

　　2007—2013年，课本出版品种数增长率变化幅度较大，2007—2010年为负值，其余年份为正值。总印数增长率在2007年高达239%。总印张数增长率在2007年高达228.8%，达2009年低至-23.1%。如表1-10、图1-20所示。

表1-10　湖北省课本出版增长率（2007—2013年）

年份	出版品种数增长率（%）	总印数增长率（%）	总印张数增长率（%）
2007	−11.0	239.0	228.8
2008	−2.4	−0.2	−0.1
2009	−4.8	−25.8	−23.1
2010	−7.5	11.0	6.7
2011	17.0	−3.4	−4.0
2012	38.1	−11.0	−8.5
2013	7.4	−0.8	6.0

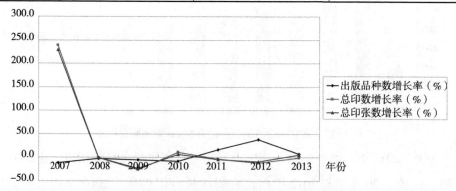

图1-20　2007—2013年历年湖北省课本出版增长率

六、湖北省出版结构及特点

2006—2013年，在书报刊出版总印张构成中，占比最大的是报纸，约占图书出版总印张的70%，图书出版总印张和期刊出版总印张合计约占书报刊总印张的30%，期刊所占比重略小于图书。如表1-11、图1-21所示。

表1-11 湖北省书报刊出版结构（2006—2013年）

年份	图书出版总印张百分比（%）	期刊出版总印张百分比（%）	报纸出版总印张百分比（%）
2006	22.7	12.2	65.1
2007	20.1	14.8	65.1
2008	14.2	10.4	75.4
2009	15.1	12.8	72.0
2010	16.2	12.0	71.9
2011	15.8	12.9	71.3
2012	15.7	14.1	70.2
2013	16.8	14.3	68.9

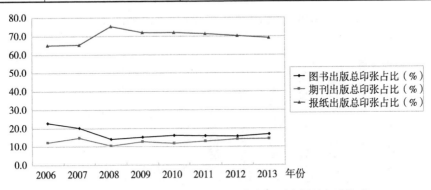

图1-21 2006—2013年历年湖北省书报刊出版总印张构成

2006—2013年，图书出版中新出版品种占比比较高，约占60%。平均印数和平均印张数呈下降趋势，2013年平均印数1.9万册，平均印张数15.0万印张，平均印数和平均印张数与2006年相比均有较大下降。如表1-12、图1-22、图1-23所示。

表1-12 湖北省图书出版平均指标（2006—2013年）

年份	新出版品种占比（%）	平均印数（万册）	平均印张数（万印张）
2006	60.5	3.4	25.7
2007	60.9	3.2	22.4
2008	57.3	3.3	23.1
2009	51.9	2.7	19.2
2010	60.5	2.7	19.1
2011	58.8	2.3	17.7
2012	59.1	1.8	14.7
2013	60.8	1.9	15.0

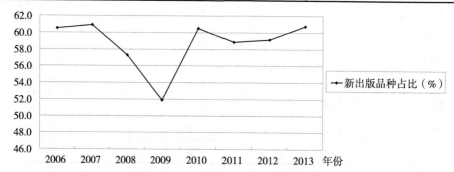

图1-22 2006—2013年历年湖北省图书出版新出版品种占比

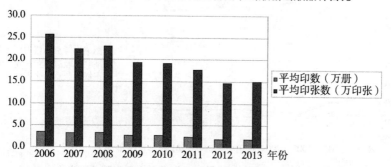

图1-23 2006—2013年历年湖北省图书出版平均印数和平均印张数

2006—2013年，湖北省儿童读物出版占比先升后降，2013年为2.6%，总印张占比最高值为2009年的6.3%。课本出版品种数占比数值2006年高达29.4%，2010年数值最低，为13.3%。课本出版总印数所占比重有较大变化，2007年达到56.5%，2013年下降到32.0%。如表1-13、图1-24、图1-25所示。

表1-13 湖北省儿童读物和课本出版占比（2006—2013年）

年份	儿童读物出版品种数占比（%）	儿童读物出版总印数占比（%）	课本出版品种数占比（%）	课本出版总印数占比（%）
2006	4.5	3.5	29.4	16.7
2007	6.0	3.0	24.2	56.5
2008	5.0	3.1	22.3	51.5
2009	6.3	6.3	17.4	38.2
2010	6.2	5.5	13.3	34.8
2011	5.2	4.5	14.6	36.2
2012	3.1	3.8	15.9	32.3
2013	2.6	2.1	17.3	32.0

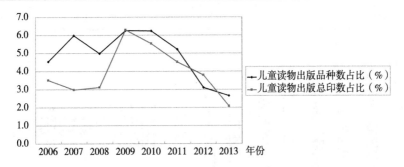

图1-24 2006—2013年历年湖北省儿童读物出版占比

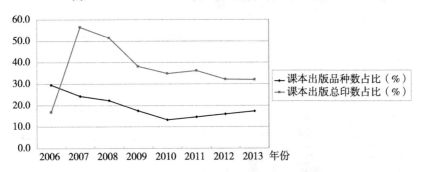

图1-25 2006—2013年历年湖北省课本出版占比

七、湖北省出版物发行

2010—2013年，湖北省发行机构及人员统计见表1-14。2013年，湖北省有出版物发行机构4876处，其中国有书店及国有发行网点119处，新华书店系统外批发网点530处，集体、个体零售网点3607处。新华书店系统出版社自办发行从业人员4565人，国有书店及国有发行网点从业人员4250人。如图1-26、图1-27所示。

表1-14 湖北省出版物发行机构和人员（2010—2013年）

年份	出版物发行机构数（处）	国有书店及国有发行网点数（处）	新华书店系统外批发网点数（处）	集体、个体零售网点数（处）	新华书店系统出版社自办发行从业人数（人）	国有书店及国有发行网点从业人数（人）
2010	5404	335	188	4167	7795	7355
2011	5560	234	201	4442	5305	4963
2012	4933	236	404	3607	5326	4888
2013	4876	119	530	3607	4565	4250

资料来源：国家统计局

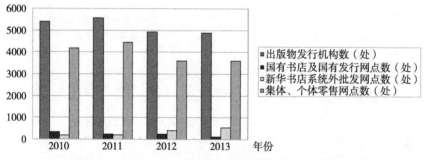

图1-26 2010—2013年历年湖北省出版物发行机构数

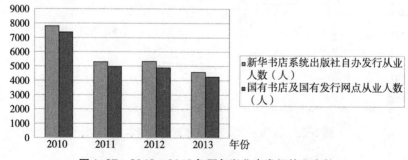

图1-27 2010—2013年历年湖北省发行从业人数

　　出版物发行机构数增长率在2011年为正值，在2012年和2013年均为负值，国有书店及国有发行点数在2011年、2013年均大幅下降，新华书店系统外批发网点数快速增长，集体、个体零售数2012年负增长，2013年保持不变，新华书店系统出版社自办发行从业人数2011年、2013年减少，国有书店及国有发行网点从业人数连续三年为负增长。如表1-15、图1-28、图1-29所示。

表1-15　湖北省出版物发行机构和人员增长率

年份	出版物发行机构数增长率（%）	国有书店及国有发行网点数增长率（%）	新华书店系统外批发网点数增长率（%）	集体、个体零售网点数增长率（%）	新华书店系统出版社自办发行从业人数增长率（%）	国有书店及国有发行网点从业人数增长率（%）
2011	2.9	−30.1	6.9	6.6	−31.9	−32.5
2012	−11.3	0.9	101.0	−18.8	0.4	−1.5
2013	−1.2	−49.6	31.2	0.0	−14.3	−13.1

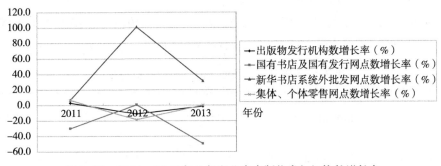

图1-28　2011—2013年历年湖北省出版物发行机构数增长率

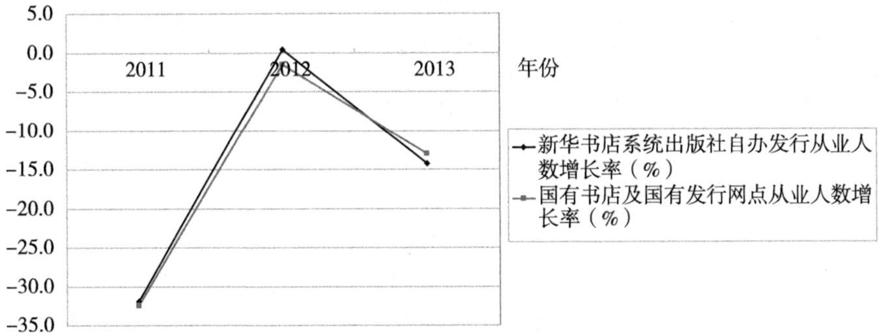

图1-29　2011—2013年历年湖北省发行从业人数增长率

第二章 湖南省出版业发展状况分析

一、图书出版

截至2013年，湖南省共有出版单位30家，其中图书出版单位12家，音像出版单位12家，电子出版物出版单位6家。

2006—2013年，湖南省图书出版数量见表2-1。2013年，湖南省出版图书11468种，其中新出版品种5611种，总印数3.6亿册，总印张数24.7亿印张。

表2-1 湖南省图书出版数量（2006—2013年）

年份	出版品种数（种）	新出版品种数（种）	总印数（亿册）	总印张数（亿印张）
2006	4102	2335	2.8	16.1
2007	4215	2182	3.1	17.1
2008	5095	2867	2.8	18.2
2009	5938	3255	2.6	17.2
2010	7395	4239	3.1	18.7
2011	10162	6132	3.5	22.4
2012	10821	5753	3.6	23.7
2013	11468	5611	3.6	24.7

数据来源：国家统计局网站

2006—2013年，图书出版品种数逐年增加，新出版品种数整体呈增长趋势，在2011年达到最大值，随后两年略有下降。如图2-1所示。

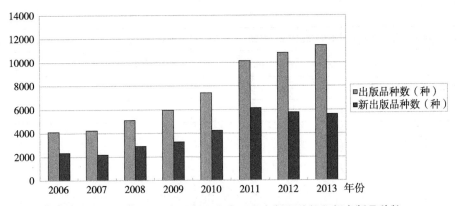

图2-1　2006—2013年历年湖南省图书出版品种数和新出版品种数

2006—2013年，图书出版总印数和总印张数整体上呈上升趋势，出版规模不断扩大。如图2-2所示。

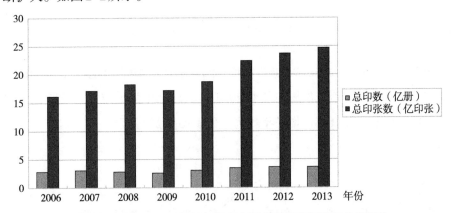

图2-2　2006—2013年历年湖南省图书出版总印数和总印张数

2007—2013年，图书出版品种数增长率均为正值，在2011年达到最大值，为37.4%，在2007年低至2.8%。新出版品种数增长率在2011年高达44.7%，2012年、2013年连续两年为负增长。如表2-2、图2-3所示。

表2-2　湖南省图书出版增长率（2007—2013年）

年份	出版品种数增长率（%）	新出版品种数增长率（%）	总印数增长率（%）	总印张数增长率（%）
2007	2.8	-6.6	10.7	6.2
2008	20.9	31.4	-9.7	6.4
2009	16.5	13.5	-7.1	-5.5
2010	24.5	30.2	19.2	8.7

续表

年份	出版品种数增长率（%）	新出版品种数增长率（%）	总印数增长率（%）	总印张数增长率（%）
2011	37.4	44.7	12.9	19.8
2012	6.5	−6.2	2.9	5.8
2013	6.0	−2.5	0.0	4.2

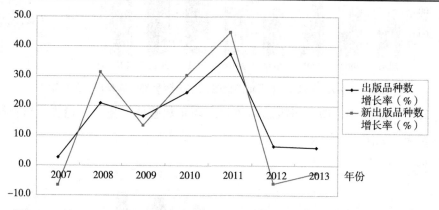

图2-3　2007—2013年历年湖南省图书出版品种数增长率和新出版品种数增长率

2007—2013年，图书出版总印数2008年、2009年为负增长，总印张数增长率2009年为负值，其余年份增长率均为正值。如图2-4所示。

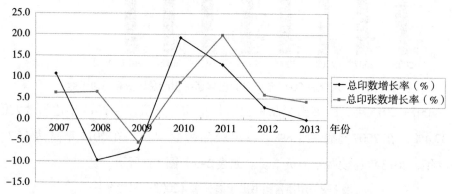

图2-4　2007—2013年历年湖南省图书出版总印数增长率和总印张数增长率

二、期刊出版

2006—2013年，湖南省期刊出版数量见表2-3。2013年，湖南省共出版期刊253种，每期平均印数556.6万册，总印数1.3亿册，总印张数5.7亿印张。

表2-3　湖南省期刊出版数量（2006—2013年）

年份	出版品种数 （种）	每期平均印数 （万册、万份）	总印数（亿册）	总印张数 （亿印张）
2006	246	481.0	1.0	3.1
2007	246	439.0	0.9	3.8
2008	244	542.0	0.9	3.8
2009	252	516.0	1.1	5.2
2010	252	545.0	1.3	6.1
2011	254	528.2	1.3	5.6
2012	248	557.1	1.2	5.5
2013	253	556.6	1.3	5.7

数据来源：国家统计局网站

2006—2013年，期刊出版品种数有所变化。在2008年降至最低值，为244种，在2011年多达254种。每期平均印数整体上升，2013年与2006年相比增加75.6万册。如图2-5所示。

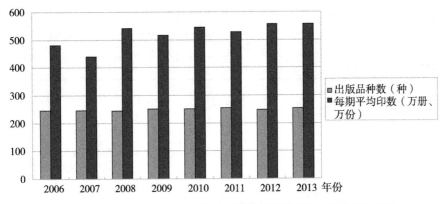

图2-5　2006—2013年历年湖南省期刊出版品种数和每期平均印数

2006—2010年，期刊出版总印数有所变化，2013年为1.3亿册，2007年、2008年降至最小值，为0.9亿册。总印张数有较大增长。如图2-6所示。

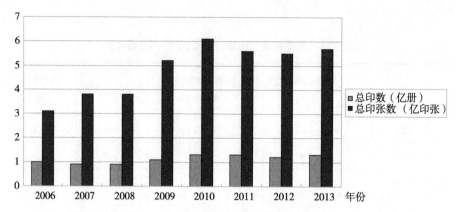

图2-6 2006—2013年历年湖南省图书出版总印数和总印张数

2006—2013年，期刊出版品种数增长率变化不大，每期平均印数增长率变化较大，2008年高达23.5%，2007年低至-8.7%。如表2-4、图2-7所示。

表2-4 湖南省期刊出版增长（2007—2013年）

年份	出版品种数增长率（%）	每期平均印数增长率（%）	总印数增长率（%）	总印张数增长率（%）
2007	0.0	−8.7	−10.0	22.6
2008	−0.8	23.5	0.0	0.0
2009	3.3	−4.8	22.2	36.8
2010	0.0	5.6	18.2	17.3
2011	0.8	−3.1	0.0	−8.2
2012	−2.4	5.5	−7.7	−1.8
2013	2.0	−0.1	8.3	3.6

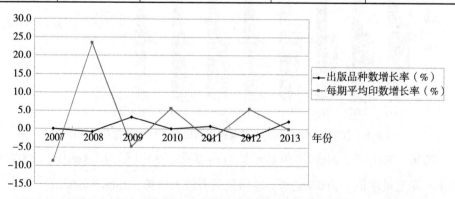

图2-7 2007—2013年历年湖南省期刊出版品种数增长率和每期平均印数增长率

2007—2013年，总印数增长率2007年、2012年为负值，总印张数增长率2011年、2012年为负值，2009年总印数和总印张数增长较快。如图2-8所示。

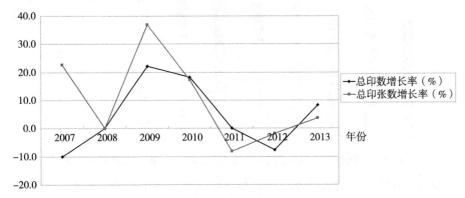

图2-8　2007—2013年历年湖南省期刊出版总印数增长率和总印张数增长率

三、报纸出版

2006—2013年，湖南省报纸出版数量见表2-5。2013年，湖南省出版报纸49种，每期平均印数651.9万份，总印数13.4亿份，总印张数52.7亿印张。

表2-5　湖南省报纸出版数量（2006—2013年）

年份	出版品种数（种）	每期平均印数（万份）	总印数（亿份）	总印张数（亿印张）
2006	50	456.4	10.2	37.7
2007	50	513.6	10.9	38.7
2008	50	460.9	10.4	40.1
2009	50	531.3	12.6	45.0
2010	50	531.0	12.9	54.4
2011	50	554.4	12.2	46.1
2012	50	620.3	13.1	52.5
2013	49	651.9	13.4	52.7

数据来源：国家统计局网站

2006—2013年，报纸出版品种数几乎没有变化。每期平均印数整体上呈上升趋势，2013年与2006年相比增加195.5万份。如图2-9所示。

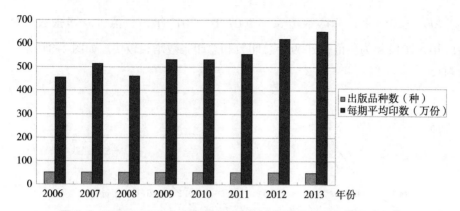

图2-9　2006—2013年历年湖南省报纸出版品种数和每期平均印数

2006—2013年，报纸出版总印数和总印张数整体上呈上升趋势，总印张数在2010年达到最大值。如图2-10所示。

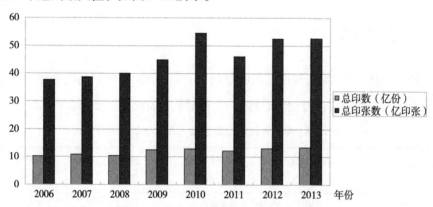

图2-10　2006—2013年历年湖南省报纸出版总印数和总印张数

2006—2013年，报纸出版品种数基本保持不变，每期平均印数增长率有一定变化，在2008年下降10.3%。如表2-6、图2-11所示。

表2-6　湖南省报纸出版增长率

年份	出版品种数增长率（%）	每期平均印数增长率（%）	总印数增长率（%）	总印张数增长率（%）
2007	0.0	12.5	6.9	2.7
2008	0.0	−10.3	−4.6	3.6
2009	0.0	15.3	21.2	12.2
2010	0.0	−0.1	2.4	20.9
2011	0.0	4.4	−5.4	−15.3

年份	出版品种数增长率（%）	每期平均印数增长率（%）	总印数增长率（%）	总印张数增长率（%）
2012	0.0	11.9	7.4	13.9
2013	−2.0	5.1	2.3	0.4

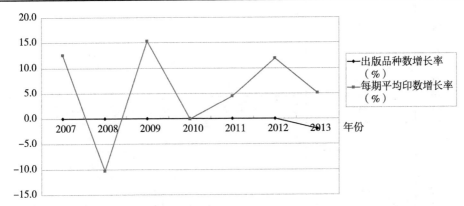

图2-11　2007—2013年历年湖南省报纸出版品种数增长率和每期平均印数增长率

2007—2013年，报纸出版总印数增长率在2008年、2011年为负值，其余年份均为正值。总印张数增长率在2011年为负值，其余年份均为正值。如图2-12所示。

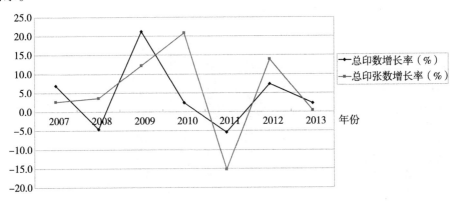

图2-12　2007—2013年历年湖南省报纸出版总印数增长率和总印张数增长率

四、儿童读物出版

2006—2013年，湖南省儿童读物出版数量见表2-7。2013年，儿童读物出版1119种，总印数1310万册，总印张94946千印张。2013年，儿童读物出版品种数、总印数和总印张数与2012年相比均有所下降。

表2-7 湖南省儿童读物出版数量（2006—2013年）

年份	儿童读物出版品种数 （种）	儿童读物出版总印数 （万册）	儿童读物出版总印张 （千印张）
2006	207	392	16309
2007	266	413	11153
2008	365	521	32228
2009	730	1117	60269
2010	961	1405	88078
2011	1271	1778	118850
2012	1392	1611	99097
2013	1119	1310	94946

数据来源：国家统计局网站

2006—2013年，儿童读物出版品种数逐年增加，2012年为1392种，2013年与2012年相比有所下降。如图2-13所示。

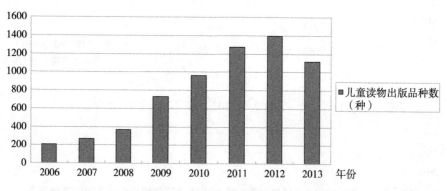

图2-13 2006—2013年历年湖南省儿童读物出版品种数

2006—2013年，儿童读物出版总印数呈先升后降趋势，在2011年达到最大值，随后两年连续下降。如图2-14所示。

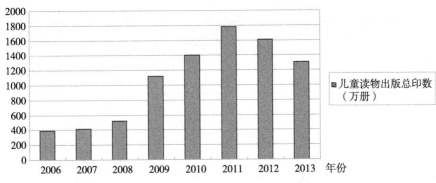

图2-14　2006—2013年历年湖南省儿童读物出版总印数

2006—2013年，儿童读物出版总印张数先升后降，在2011年达到最大值，随后两年连续下降。如图2-15所示。

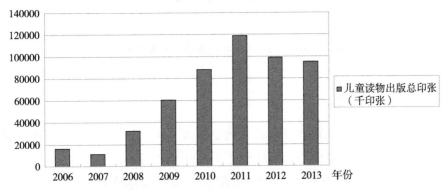

图2-15　2006—2013年历年湖南省儿童读物出版总印张数

2007—2013年，种数增长率变化较大，在2009年增长100%，在2013年下降19.6%。总印数在2009年增长114.4%，在2013年下降18.7%。总印张数在2008年增长189%，在2007年下降31.6%。如表2-8、图2-16所示。

表2-8　湖南省儿童读物出版增长率（2007—2013年）

年份	出版品种数增长率（%）	总印数增长率（%）	总印张数增长率（%）
2007	28.5	5.4	−31.6
2008	37.2	26.2	189.0
2009	100.0	114.4	87.0
2010	31.6	25.8	46.1
2011	32.3	26.5	34.9

续表

年份	出版品种数增长率（%）	总印数增长率（%）	总印张数增长率（%）
2012	9.5	-9.4	-16.6
2013	-19.6	-18.7	-4.2

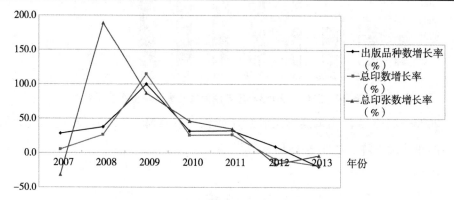

图2-16　2007—2013年历年湖南省儿童读物出版增长率

五、课本出版

2006—2013年，湖南省课本出版数量见表2-9。2013年，课本出版品种数1208种，课本出版总印数12523万册，总印张717778千印张。

表2-9　湖南省课本出版数量（2006—2013年）

年份	课本出版品种数（种）	课本出版总印数（万册）	课本出版总印张（千印张）
2006	880	20895	1107059
2007	859	23091	1246172
2008	685	15353	1056482
2009	646	13075	894551
2010	713	13709	801722
2011	807	12931	748223
2012	905	14686	814311
2013	1208	12523	717778

数据来源：国家统计局网站

2006—2013年，课本出版品种数呈先下降后上升趋势，在2009降至最低点，随后逐年增长，在2013年达到1208种。如图2-17所示。

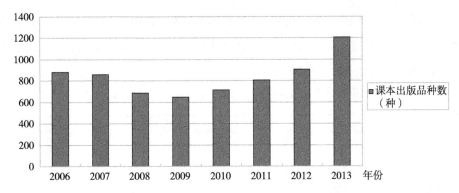

图2-17　2006—2013年历年湖南省课本出版品种数

2006—2013年，课本出版总印数整体上呈下降趋势，在2007年高达23091万册，2013年远低于2006年的水平。图2-18所示。

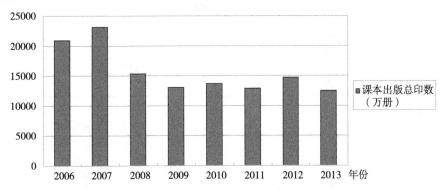

图2-18　2006—2013年历年湖南省课本出版总印数

2006—2013年，课本出版总印张数变化与总印数变化趋势相似，在2007年达到最高值，在2013年降到最低值。如图2-19所示。

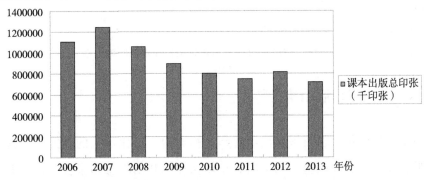

图2-19　2006—2013年历年湖南省课本出版总印张数

2012—2013年，课本出版品种数增长率变化幅度较大，最高值为2013年的

33.5%，最低值为2008年的-20.3%。总印数增长率最高值为2012年的13.6%，最低值为2008年的-33.5%。总印张数增长率2007年、2012年为正值，其余年份均为负值。如表2-10、图2-20所示。

表2-10 湖南省课本出版增长率（2007—2013年）

年份	出版品种数增长率（%）	总印数增长率（%）	总印张数增长率（%）
2007	-2.4	10.5	12.6
2008	-20.3	-33.5	-15.2
2009	-5.7	-14.8	-15.3
2010	10.4	4.8	-10.4
2011	13.2	-5.7	-6.7
2012	12.1	13.6	8.8
2013	33.5	-14.7	-11.9

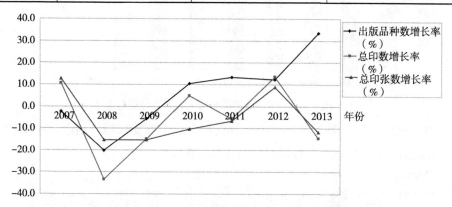

图2-20 2007—2013年历年湖南省课本出版增长率

六、湖南省出版结构及特点

2006—2013年，在书报刊出版总印张构成中，占比最大的是报纸，占书报刊出版总印张的60%以上，图书出版总印张和期刊出版总印张合计约占书报刊总印张的40%。如表2-11、图2-21所示。

表2-11 湖南省书报刊出版结构（2006—2013年）

年份	图书出版总印张占比（%）	期刊出版总印张占比（%）	报纸出版总印张占比（%）
2006	28.3	5.4	66.3
2007	28.7	6.4	64.9
2008	29.3	6.1	64.6
2009	25.5	7.7	66.8
2010	23.6	7.7	68.7
2011	30.2	7.6	62.2
2012	29.0	6.7	64.3
2013	29.7	6.9	63.4

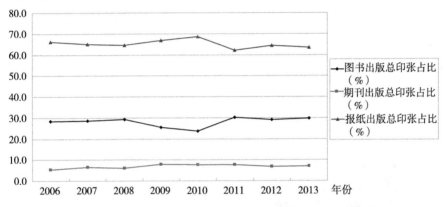

图2-21 2006—2013年历年湖南省书报刊出版总印张构成

2006—2013年，图书出版中新出版品种占比有一定变化，在2011年达到最高值，为60.3%，2013年下降到48.9%。平均印数和平均印张数呈下降趋势，2013年平均印数为3.1万册，平均印张数为21.5万印张，平均印数和平均印张数均与2006年相比有较大幅度的下降。如表2-12、图2-22、图2-23所示。

表2-12 湖南省图书出版平均指标（2006—2013年）

年份	新出版品种占比（%）	平均印数（万册）	平均印张数（万印张）
2006	56.9	6.8	39.2
2007	51.8	7.4	40.6
2008	56.3	5.5	35.7

续表

年份	新出版品种占比（%）	平均印数（万册）	平均印张数（万印张）
2009	54.8	4.4	29.0
2010	57.3	4.2	25.3
2011	60.3	3.4	22.0
2012	53.2	3.3	21.9
2013	48.9	3.1	21.5

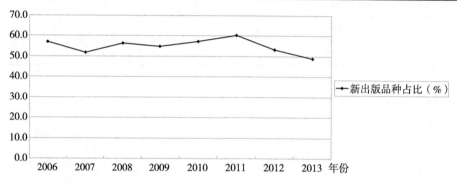

图2-22 2006—2013年历年湖南省图书出版新出版品种占比

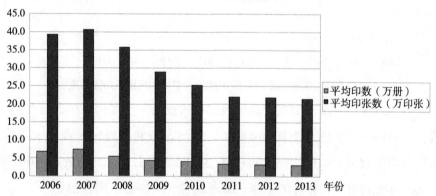

图2-23 2006—2013年历年湖南省图书出版平均印数和平均印张数

2006—2013年，湖南省儿童读物出版占比数值在2010年达到13%，在2013年下降到9.8%。课本出版品种数占比2006年达到最高值，为21.5%，2011年降至最低值，为7.9%。课本出版总印数所占比重整体下降，2013年占比34.8%，远低于2006年的水平。如表2-13、图2-24、图2-25所示。

表2-13　湖南省儿童读物和课本出版占比（2006—2013年）

年份	儿童读物出版品种数占比（%）	儿童读物出版总印数占比（%）	课本出版品种数占比（%）	课本出版总印数占比（%）
2006	5.0	1.4	21.5	74.6
2007	6.3	1.3	20.4	74.5
2008	7.2	1.9	13.4	54.8
2009	12.3	4.3	10.9	50.3
2010	13.0	4.5	9.6	44.2
2011	12.5	5.1	7.9	36.9
2012	12.9	4.5	8.4	40.8
2013	9.8	3.6	10.5	34.8

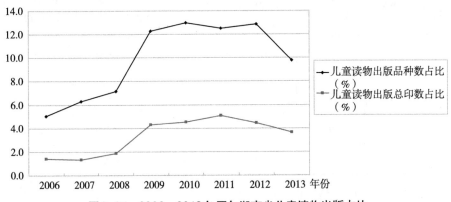

图2-24　2006—2013年历年湖南省儿童读物出版占比

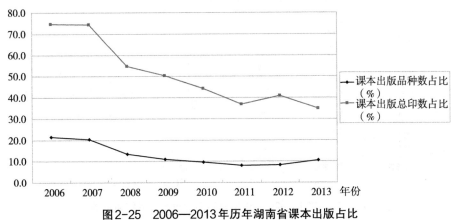

图2-25　2006—2013年历年湖南省课本出版占比

七、湖南省出版物发行

2010—2013年，湖南省出版发行机构及人员统计见表2-14。2013年，湖南省有出版物发行机构6150处，其中国有书店及国有发行网点390处，新华书店系统外批发网点163处，集体、个体零售网点1003处。新华书店系统出版社自办发行从业人员11022人，国有书店及国有发行网点从业人员9840人。如图2-26、图2-27所示。

表2-14　湖南省出版物发行机构和人员

年份	出版物发行机构数（处）	国有书店及国有发行网点数（处）	新华书店系统外批发网点数（处）	集体、个体零售网点数（处）	新华书店系统出版社自办发行从业人数（人）	国有书店及国有发行网点从业人数（人）
2010	8086	390	163	2509	7551	7342
2011	8132	390	174	2551	9778	8672
2012	7711	390	125	2500	11230	9778
2013	6150	390	163	1003	11022	9840

资料来源：国家统计局

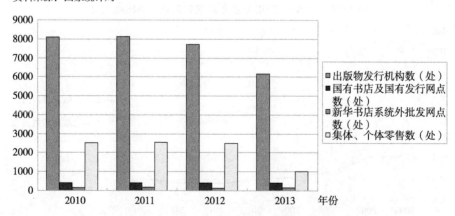

图2-26　2010—2013年历年湖南省出版物发行机构数

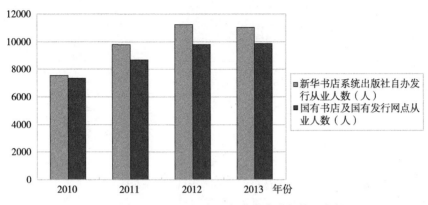

图2-27 2010—2013年历年湖南省发行从业人数

2011—2013年，出版物发行机构数增长率在2011年为正值，在2012年和2013年均为负值，国有书店及国有发行网点数保持不变，新华书店系统外批发网点数在2012年减少，在2013年大幅增长，集体、个体零售数2012年、2013年均为负增长，新华书店系统出版社自办发行从业人数在2013年减少，国有书店及国有发行网点从业人数均为正增长。如表2-15、图2-28、图2-29所示。

表2-15 湖南省出版物发行机构和人员增长率（2011—2013年）

年份	出版物发行机构数增长率（%）	国有书店及国有发行网点数增长率（%）	新华书店系统外批发网点数增长率（%）	集体、个体零售数增长率（%）	新华书店系统出版社自办发行从业人数增长率（%）	国有书店及国有发行网点从业人数增长率（%）
2011	0.6	0.0	6.7	1.7	29.5	18.1
2012	−5.2	0.0	−28.2	−2.0	14.8	12.8
2013	−20.2	0.0	30.4	−59.9	−1.9	0.6

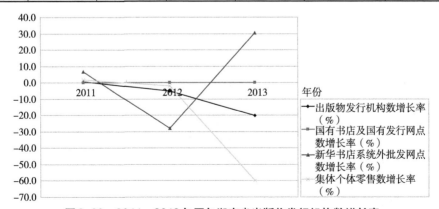

图2-28 2011—2013年历年湖南省出版物发行机构数增长率

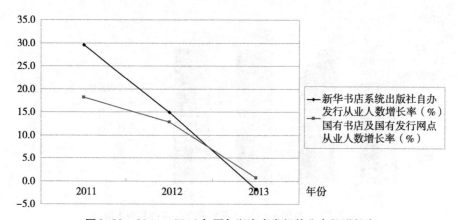

图2-29　2011—2013年历年湖南省发行从业人数增长率

第三章 广东省出版业发展状况分析

一、图书出版

截至2013年，广东省共有出版单位61家，其中图书出版单位19家，音像出版单位27家，电子出版物出版单位15家。

2006—2013年，广东省图书出版数量见表3-1。2013年，广东省出版图书10355种，其中新出版品种6866种，总印数3.3亿册，总印张数25.2亿印张。

表3-1 广东省图书出版数量（2006—2013年）

年份	出版品种数（种）	新出版品种数（种）	总印数（亿册）	总印张数（亿印张）
2006	5800	3403	2.7	19.0
2007	5646	3409	2.3	15.8
2008	6318	3939	2.8	20.4
2009	5881	4137	2.3	17.5
2010	6354	3305	2.3	16.0
2011	7257	4538	3.3	23.5
2012	9851	7454	3.0	22.3
2013	10355	6866	3.3	25.2

数据来源：国家统计局网站

2006—2013年，图书出版品种数呈上升趋势，2013年的图书出版品种数是2006年的1.8倍，新出版品种数整体上呈上升趋势，2013年是2006年的2倍。如图3-1所示。

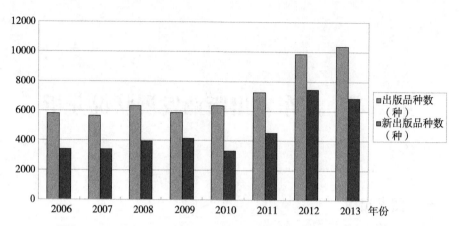

图3-1 2006—2013年历年广东省图书出版品种数和新出版品种数

2006—2013年，图书出版总印数有一定的变化，总印数和总印张数整体上呈上升趋势。如图3-2所示。

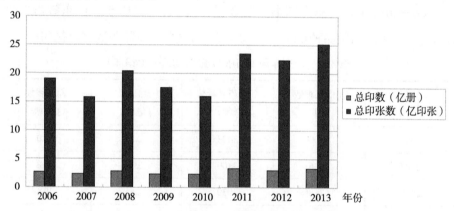

图3-2 2006—2013年历年广东省图书出版总印数和总印张数

2007—2013年，图书出版品种数增长率有一定变化，在2012年最高，为35.7%，在2009年最低，为-6.9%。新出版品种增长率在2012年最高，为64.3%，在2010年最低，为-20.1%。如表3-2、图3-3所示。

表3-2 广东省图书出版增长率（2007—2013年）

年份	出版品种数增长率（%）	新出版品种数增长率（%）	总印数增长率（%）	总印张数增长率（%）
2007	-2.7	0.2	-14.8	-16.8
2008	11.9	15.5	21.7	29.1
2009	-6.9	5.0	-17.9	-14.2

年份	出版品种数增长率（%）	新出版品种数增长率（%）	总印数增长率（%）	总印张数增长率（%）
2010	8.0	−20.1	0.0	−8.6
2011	14.2	37.3	43.5	46.9
2012	35.7	64.3	−9.1	−5.1
2013	5.1	−7.9	10.0	13.0

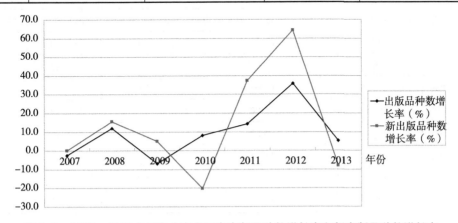

图3-3 2007—2013年历年广东省图书出版品种数增长率和新出版品种数增长率

2007—2013年，图书出版总印数和总印张数增长率均有较大的波动，总印数增长率在2011年达到最高值，为43.5%，在2009年降至最低值，为−17.9%，总印张数增长率在2011年最高，为46.9%，在2007年最低，为−16.8%。总印数和总印张数增长率的变化非常相似。如图3-4所示。

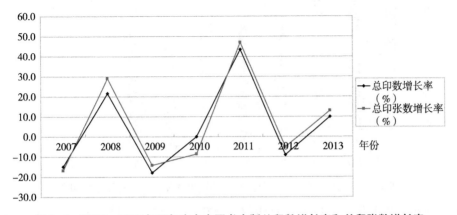

图3-4 2007—2013年历年广东省图书出版总印数增长率和总印张数增长率

二、期刊出版

2006—2013年，广东省期刊出版数量见表3-3。2013年，广东省共出版期刊388种，每期平均印数833.6万册，总印数1.7亿册，总印张数10.8亿印张。

表3-3　广东省期刊出版数量（2006—2013年）

年份	出版品种数（种）	每期平均印数（万册、万份）	总印数（亿册）	总印张数（亿印张）
2006	379	1119.0	2.4	13.4
2007	379	1126.0	2.6	15.0
2008	380	1080.0	2.5	13.9
2009	387	984.0	2.3	13.3
2010	387	934.0	2.1	12.5
2011	389	918.5	2.0	12.4
2012	389	862.8	1.9	11.2
2013	388	833.6	1.7	10.8

数据来源：国家统计局网站

2006—2013年，期刊出版品种数变化不大。2006年为379种，在2013年达到388种。每期平均印数呈下降趋势，2013年比2006年减少285.4万册。如图3-5所示。

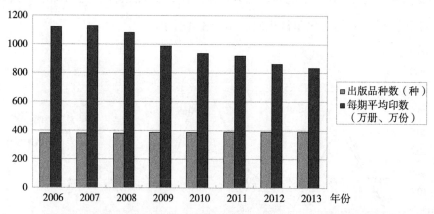

图3-5　2006—2013年历年广东省期刊出版品种数和每期平均印数

2006—2013年，期刊出版总印数在2007年后逐年下降，总印张数也是如此。说明广东省期刊出版在品种数略有增加的同时，期刊发行规模有所下降。如

图3-6所示。

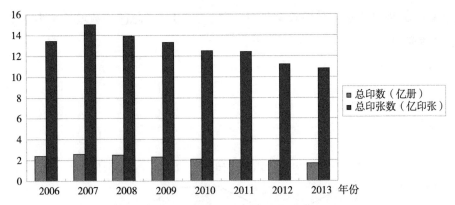

图3-6　2006—2013年历年广东省图书出版总印数和总印张数

2007—2013年，期刊出版品种数增长率变化不大，每期平均印数增长率变化较大，除2007年外，其余年份均为负增长。如表3-4、图3-7所示。

表3-4　广东省期刊出版增长率（2007—2013年）

年份	出版品种数增长率（%）	每期平均印数增长率（%）	总印数增长率（%）	总印张数增长率（%）
2007	0.0	0.6	8.3	11.9
2008	0.3	−4.1	−3.8	−7.3
2009	1.8	−8.9	−8.0	−4.3
2010	0.0	−5.1	−8.7	−6.0
2011	0.5	−1.7	−4.8	−0.8
2012	0.0	−6.1	−5.0	−9.7
2013	−0.3	−3.4	−10.5	−3.6

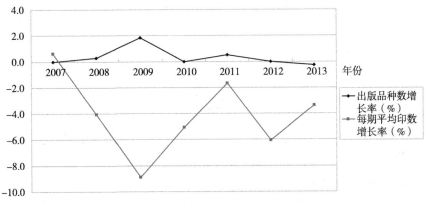

图3-7　2007—2013年历年广东省期刊出版品种数增长率和每期平均印数增长率

2007—2013年，总印数和总印张数2007年的增长率为正值，其余各年份均为负值。在2013年总印数增长率为-10.5%，在2012年总印张数增长率为-9.7%。如图3-8所示。

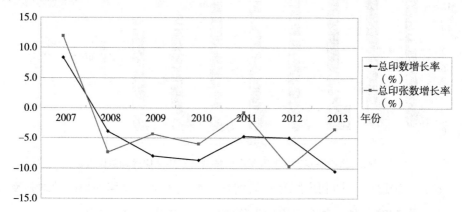

图3-8 2007—2013年历年广东省期刊出版总印数增长率和总印张数增长率

三、报纸出版

2006—2013年，广东省报纸出版数量见表3-5。2013年，广东省出版报纸101种，每期平均印数1734.4万份，总印数43.6亿份，总印张数386.5亿印张。

表3-5 广东省报纸出版数量（2006—2013年）

年份	出版品种数 （种）	每期平均印数 （万份）	总印数 （亿份）	总印张数 （亿印张）
2006	101	1664.5	43.4	295.8
2007	101	1786.6	42.6	283.7
2008	100	1809.4	43.9	396.3
2009	100	1909.3	45.6	424.6
2010	100	1875.0	45.6	437.9
2011	99	1830.9	45.8	428.8
2012	101	1830.1	45.3	413.2
2013	101	1734.4	43.6	386.5

数据来源：国家统计局网站

2006—2013年，报纸出版品种数几乎没有变化。每期平均印数有一定变化，呈先上升后下降的趋势，在2010年达到最高值，2013年与2012年相比略有下降。如图3-9所示。

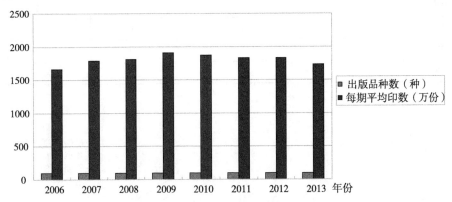

图3-9 2006—2013年历年广东省报纸出版品种数和每期平均印数

2006—2013年，报纸出版总印数先呈上升后下降的趋势，在2011年达到最高值，2013年与2012年相比有较大下降。总印张数和总印数的变化相似。如图3-10所示。

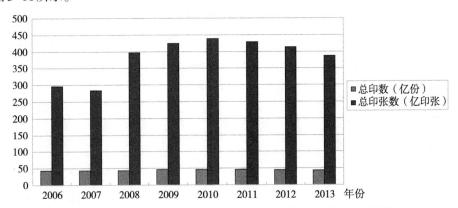

图3-10 2006—2013年历年广东省报纸出版总印数和总印张数

2007—2013年，报纸出版品种数增长率变化不大，每期平均印数在2007—2009年为正值，在2009年以后均为负增长。如表3-6、图3-11所示。

表3-6 广东省报纸出版增长率（2007—2013年）

年份	出版品种数增长率（%）	每期平均印数增长率（%）	总印数增长率（%）	总印张数增长率（%）
2007	0.0	7.3	-1.8	-4.1
2008	-1.0	1.3	3.1	39.7
2009	0.0	5.5	3.9	7.1

续表

年份	出版品种数增长率（%）	每期平均印数增长率（%）	总印数增长率（%）	总印张数增长率（%）
2010	0.0	−1.8	0.0	3.1
2011	−1.0	−2.4	0.4	−2.1
2012	2.0	0.0	−1.1	−3.6
2013	0.0	−5.2	−3.8	−6.5

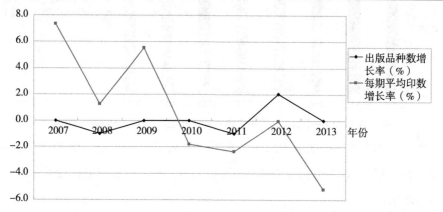

图3-11 2007—2013年历年广东省报纸出版品种数增长率和每期平均印数增长率

2007—2013年，总印数和总印张数2007年均为负值，总印数在2012年、2013年连续下降，总印张数在2011年后出现连续下降。如图3-12所示。

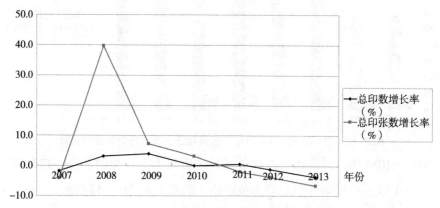

图3-12 2007—2013年历年广东省报纸出版总印数增长率和总印张数增长率

四、儿童读物出版

2006—2013年，广东省儿童读物出版数量见表3-7。2013年，广东省儿童读物出版541种，总印数1040万册，总印张37232千印张。2013年，儿童读物出版品种数、总印数和总印张数比2012年均有较大的增长。

表3-7　广东省儿童读物出版数量（2006—2013年）

年份	儿童读物出版品种数 （种）	儿童读物出版总印数 （万册）	儿童读物出版总印张 （千印张）
2006	188	469	13534
2007	257	594	16200
2008	268	663	15130
2009	335	943	31354
2010	345	1082	31401
2011	630	1729	57317
2012	507	699	20893
2013	541	1040	37232

数据来源：国家统计局网站

2006—2013年，儿童读物出版品种数变化较大，2013年为541种，是2006年的2.9倍。如图3-13所示。

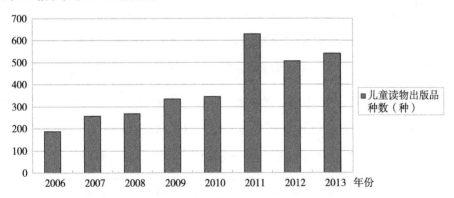

图3-13　2006—2013年历年广东省儿童读物出版品种数

2006—2013年，儿童读物出版总印数变化较大，在2011年达到最高值，为1729万册，2006年只有469万册。如图3-14所示。

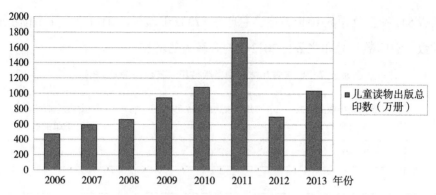

图3-14　2006—2013年历年广东省儿童读物出版总印数

2006—2013年，儿童读物出版总印张数变化与总印数一致，在2011年达到最大值，在2012年有较大下降，在2013年有较大增长。如图3-15所示。

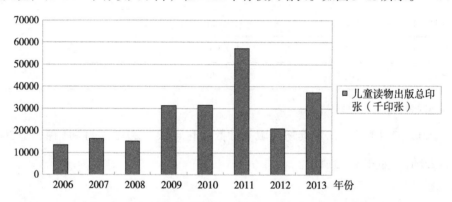

图3-15　2006—2013年历年广东省儿童读物出版总印张数

2007—2013年，种数增长率变化较大，在2011年增长82.6%，在2012年下降19.5%。总印数在2011年增长59.8%，在2012年下降59.6%。总印张数在2009年增长107.2%，在2012年下降63.5%。如表3-8、图3-16所示。

表3-8　广东省儿童读物出版增长率（2007—2013年）

年份	出版品种数增长率（%）	总印数增长率（%）	总印张数增长率（%）
2007	36.7	26.7	19.7
2008	4.3	11.6	-6.6
2009	25.0	42.2	107.2

续表

年份	出版品种数增长率（%）	总印数增长率（%）	总印张数增长率（%）
2010	3.0	14.7	0.1
2011	82.6	59.8	82.5
2012	−19.5	−59.6	−63.5
2013	6.7	48.8	78.2

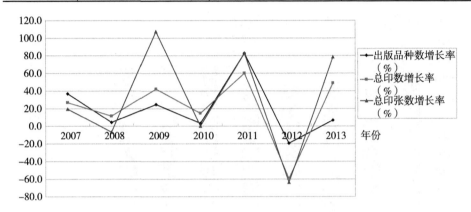

图3-16　2007—2013年历年广东省儿童读物出版增长率

五、课本出版

2006-2013年，广东省课本出版数量见表3-9。2013年，课本出版品种数1329种，总印数19794万册，总印张1351218千印张。

表3-9　广东省课本出版数量（2006—2013年）

年份	课本出版品种数（种）	课本出版总印数（万册）	课本出版总印张（千印张）
2006	1289	18267	1240377
2007	1093	16171	1046140
2008	1173	17555	1267142
2009	1135	15230	1108516
2010	1168	16582	1098169
2011	1344	21436	1537562

续表

年份	课本出版品种数（种）	课本出版总印数（万册）	课本出版总印张（千印张）
2012	1371	19236	1351027
2013	1329	19794	1351218

数据来源：国家统计局网站

2006—2013年，课本出版品种数有一定的变动，在2011年有较大增加，在2012年、2013年略有变化。如图3-17所示。

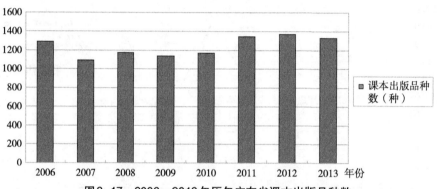

图3-17　2006—2013年历年广东省课本出版品种数

2006—2013年，课本出版总印数在2009年下降到最低点，在2011年达到最高点，在2012年下降，2013年略有上升。如图3-18所示。

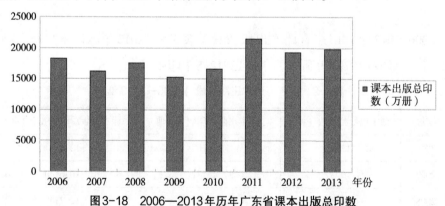

图3-18　2006—2013年历年广东省课本出版总印数

2006—2013年，课本出版总印张数变化与总印数变化趋势相似，在2011年达到最高值，2012年、2013年均相对稳定。如图3-19所示。

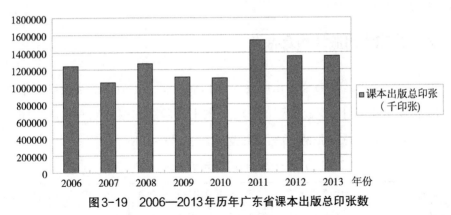

图3-19　2006—2013年历年广东省课本出版总印张数

2007—2013年，课本出版品种数增长率有一定变化，最高值为2011年的15.1%，最低值为2007年的-15.2%。总印数增长率在2011年达到最高值，为29.3%，2009年降至最低值，为-13.2%。总印张数增长率在2011年高达40.0%，在2007年降至最低值，为-15.7%。如表3-10、图3-20所示。

表3-10　广东省课本出版增长率（2007—2013年）

年份	出版品种数增长率（%）	总印数增长率（%）	总印张数增长率（%）
2007	-15.2	-11.5	-15.7
2008	7.3	8.6	21.1
2009	-3.2	-13.2	-12.5
2010	2.9	8.9	-0.9
2011	15.1	29.3	40.0
2012	2.0	-10.3	-12.1
2013	-3.1	2.9	0.0

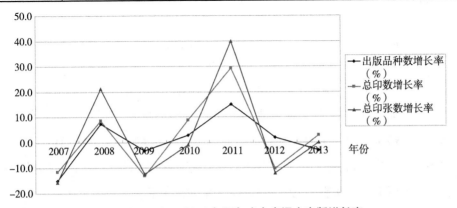

图3-20　2007—2013年历年广东省课本出版增长率

六、广东省出版结构及特点

2007—2013年，在书报刊出版总印张构成中，占比最大的是报纸，报纸出版总印张约占书报刊出版总印张的90%，图书出版总印张和期刊出版总印张合计约占书报刊出版总印张的10%。如表3-11、图3-21所示。

表3-11 广东省书报刊出版结构（2006—2013年）

年份	图书出版总印张占比（%）	期刊出版总印张占比（%）	报纸出版总印张占比（%）
2006	5.8	4.1	90.1
2007	5.0	4.8	90.2
2008	4.7	3.2	92.0
2009	3.8	2.9	93.2
2010	3.4	2.7	93.9
2011	5.1	2.7	92.3
2012	5.0	2.5	92.5
2013	6.0	2.6	91.5

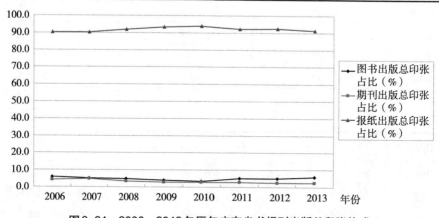

图3-21 2006—2013年历年广东省书报刊出版总印张构成

2006—2013年，图书出版中新出版品种占比比较高，整体上呈上升趋势，2006年为58.7%，2013年为66.3%。平均印数和平均印张数呈下降趋势，2013年平均印数为3.2万册，平均印张数为24.3万印张，平均印数和平均印张数与2006年相比均有所下降。如表3-12、图3-22、图3-23所示。

表3-12 广东省图书出版平均指标（2006—2013年）

年份	新出版品种占比（%）	平均印数（万册）	平均印张数（万印张）
2006	58.7	4.7	32.8
2007	60.4	4.1	28.0
2008	62.3	4.4	32.3
2009	70.3	3.9	29.8
2010	52.0	3.6	25.2
2011	62.5	4.5	32.4
2012	75.7	3.0	22.6
2013	66.3	3.2	24.3

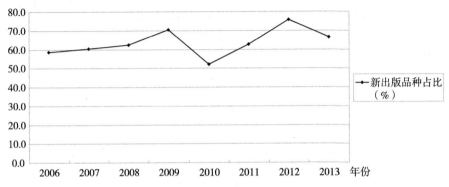

图3-22 2006—2013年历年广东省图书出版新出版品种占比

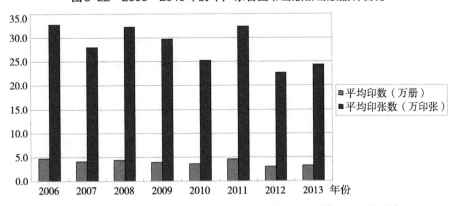

图3-23 2006—2013年历年广东省图书出版平均印数和平均印张数

2006—2013年，广东省儿童读物出版占比比较低，最高值为2011年为8.7%，总印数占比最高值为2011年的5.2%。课本出版品种数占比2006年高达22.2%，2013年最低，为12.8%。课本出版总印数所占比重也下降，但仍保持在较高的水平，2013年占比60.0%。如表3-13、图3-24、图3-25所示。

表3-13　广东省儿童读物和课本出版占比（2006—2013年）

年份	儿童读物出版品种数占比（%）	儿童读物出版总印数占比（%）	课本出版品种数占比（%）	课本出版总印数占比（%）
2006	3.2	1.7	22.2	67.7
2007	4.6	2.6	19.4	70.3
2008	4.2	2.4	18.6	62.7
2009	5.7	4.1	19.3	66.2
2010	5.4	4.7	18.4	72.1
2011	8.7	5.2	18.5	65.0
2012	5.1	2.3	13.9	64.1
2013	5.2	3.2	12.8	60.0

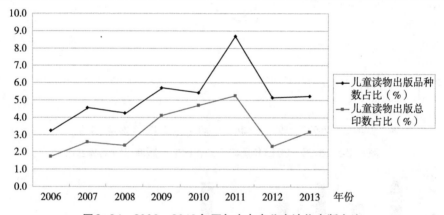

图3-24　2006—2013年历年广东省儿童读物出版占比

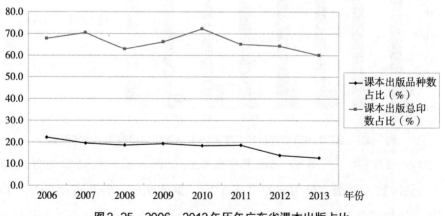

图3-25　2006—2013年历年广东省课本出版占比

七、广东省出版物发行

2010—2013年，广东省发行机构及人员统计见表3-14。2013年，广东省有出版物发行机构12895处，其中国有书店及国有发行网点409处，新华书店系统外批发网点453处，集体、个体零售网点11405处。新华书店系统出版社自办发行从业人员8296人，国有书店及国有发行网点从业人员8267人。如图3-26、图3-27所示。

表3-14　广东省出版物发行机构和人员（2010—2013年）

年份	出版物发行机构数（处）	国有书店及国有发行网点数（处）	新华书店系统外批发网点数（处）	集体、个体零售网点数（处）	新华书店系统出版社自办发行从业人数（人）	国有书店及国有发行网点从业人数（人）
2010	14487	537	343	9496	10410	10174
2011	13142	416	489	11583	10211	8772
2012	13180	398	453	11742	8183	9410
2013	12895	409	453	11405	8296	8267

资料来源：国家统计局

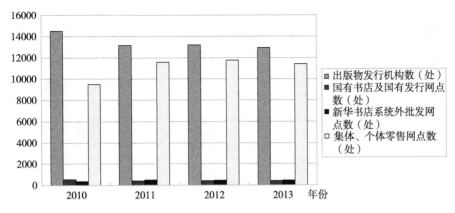

图3-26　2010—2013年历年广东省出版物发行机构数

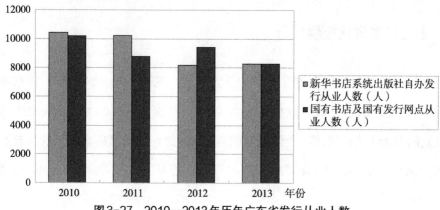

图3-27　2010—2013年历年广东省发行从业人数

2011—2013年，出版物发行机构数增长率在2012年为正值，在2011年和2013年均为负值，国有书店及国有发行点数整体下降，新华书店系统外批发网点数在2011年大幅增长，集体、个体零售网点数2013年为负增长，新华书店系统出版社自办发行从业人数2011年、2012年均有所减少，国有书店及国有发行网点从业人数在2012年增长率为正值，在2011年、2013年为负增长。如表3-15、图3-28、图3-29所示。

表3-15　广东省出版物发行机构和人员增长率（2011—2013年）

年份	出版物发行机构数增长率（%）	国有书店及国有发行网点数增长率（%）	新华书店系统外批发网点数增长率（%）	集体、个体零售网点数增长率（%）	新华书店系统出版社自办发行从业人数增长率（%）	国有书店及国有发行网点从业人数增长率（%）
2011	−9.3	−22.5	42.6	22.0	−1.9	−13.8
2012	0.3	−4.3	−7.4	1.4	−19.9	7.3
2013	−2.2	2.8	0.0	−2.9	1.4	−12.1

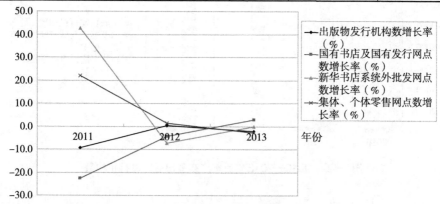

图3-28　2011—2013年历年广东省出版物发行机构数增长率

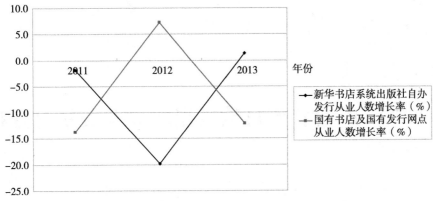

图3-29 2011—2013年历年广东省发行从业人数增长率

第四章 广西壮族自治区出版业发展状况分析

一、图书出版

截至2013年，广西壮族自治区共有出版单位17家，其中图书出版单位8家，音像出版单位5家，电子出版物出版单位4家。

2006—2013年，广西壮族自治区图书出版数量见表4-1。2013年，广西壮族自治区出版图书8803种，其中新出版品种4747种，总印数3.4亿册，总印张数24.0亿印张。

表4-1 广西壮族自治区图书出版数量（2006—2013年）

年份	出版品种数（种）	新出版品种数（种）	总印数（亿册）	总印张数（亿印张）
2006	4455	2585	1.9	11.9
2007	5020	2056	2.5	13.8
2008	6372	3164	2.6	16.3
2009	7245	3673	2.6	16.7
2010	7344	3328	2.5	15.5
2011	7695	3640	2.7	17.3
2012	8667	4289	2.9	19.3
2013	8803	4747	3.4	24.0

数据来源：国家统计局网站

2006—2013年，图书出版品种数逐年增加，新出版品种数整体上有所增加。如图4-1所示。

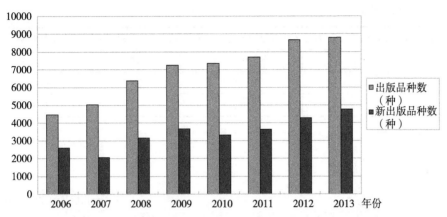

图4-1 2006—2013年历年广西壮族自治区图书出版品种数和新出版品种数

2006—2013年，图书出版总印数和总印张数整体上呈增长趋势，2013年总印数是2006的1.8倍，总印张数是2006年的2倍。如图4-2所示。

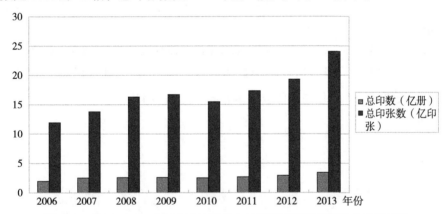

图4-2 2006—2013年历年广西壮族自治区图书出版总印数和总印张数

2007—2013年，图书出版品种数增长率均为正值，在2008年高达26.9%，在2010年达到最低值，为1.4%。新出版品种数增长率在2008年达到最高值，为53.9%，在2007年降至最低值，为-20.5%。如表4-2、图4-3所示。

表4-2 广西壮族自治区图书出版增长率（2007—2013年）

年份	出版品种数增长率（%）	新出版品种数增长率（%）	总印数增长率（%）	总印张数增长率（%）
2007	12.7	−20.5	31.6	16.0
2008	26.9	53.9	4.0	18.1
2009	13.7	16.1	0.0	2.5
2010	1.4	−9.4	−3.8	−7.2

续表

年份	出版品种数增长率（%）	新出版品种数增长率（%）	总印数增长率（%）	总印张数增长率（%）
2011	4.8	9.4	8.0	11.6
2012	12.6	17.8	7.4	11.6
2013	1.6	10.7	17.2	24.4

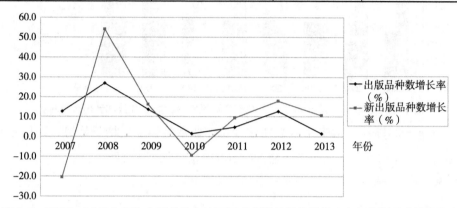

图4-3 2007—2013年历年广西壮族自治区图书出版品种数增长率和新出版品种数增长率

2007—2013年，图书出版总印数增长率2010年为负值，其余年份均为正值，总印张数增长率变化与总印数基本相同。如图4-4所示。

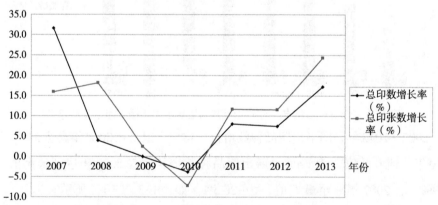

图4-4 2007—2013年历年广西壮族自治区图书出版总印数增长率和总印张数增长率

二、期刊出版

2006—2013年，广西壮族自治区期刊出版数量见表4-3。2013年，广西壮族自治区共出版期刊182种，每期平均印数193.4万册，总印数0.5亿册，总印张数

2.0亿印张。

表4-3　广西壮族自治区期刊出版数量（2006—2013年）

年份	出版品种数 （种）	每期平均印数 （万册、万份）	总印数 （亿册）	总印张数 （亿印张）
2006	184	241.0	0.4	1.5
2007	184	218.0	0.4	1.7
2008	184	210.0	0.4	1.9
2009	185	197.0	0.4	1.8
2010	185	185.0	0.4	1.8
2011	184	193.9	0.4	1.9
2012	186	193.5	0.5	1.8
2013	182	193.4	0.5	2.0

数据来源：国家统计局网站

2006—2013年，期刊出版品种数变化不大。2006年为184种，2012年为186种，2013年为182种。每期平均印数整体下降，2009—2013年相对稳定。如图4-5所示。

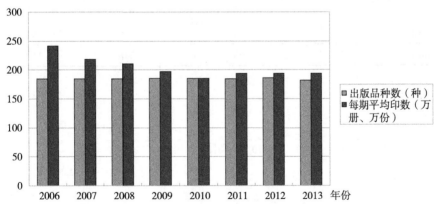

图4-5　2006—2013年历年广西壮族自治区期刊出版品种数和每期平均印数

2006—2011年，期刊出版总印数保持不变，2012年增长，2013年保持不变。总印张数整体呈上升趋势。如图4-6所示。

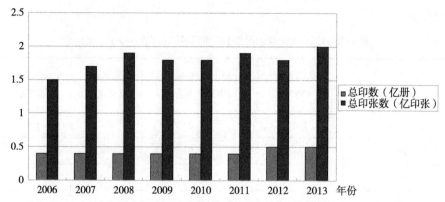

图4-6　2006—2013年历年广西壮族自治区图书出版总印数和总印张数

2007—2013年，期刊出版品种数增长率变化不大，每期平均印数增长率除2011年为正值外，其余年份均为负增长。如表4-4、图4-7所示。

表4-4　广西壮族自治区期刊出版增长率（2007—2013年）

年份	出版品种数增长率（%）	每期平均印数增长率（%）	总印数增长率（%）	总印张数增长率（%）
2007	0.0	−9.5	0.0	13.3
2008	0.0	−3.7	0.0	11.8
2009	0.5	−6.2	0.0	−5.3
2010	0.0	−6.1	0.0	0.0
2011	−0.5	4.8	0.0	5.6
2012	1.1	−0.2	25.0	−5.3
2013	−2.2	−0.1	0.0	11.1

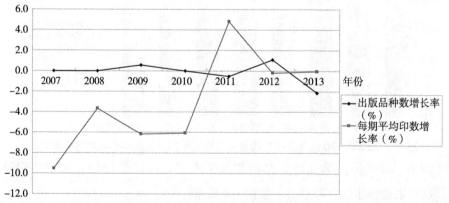

图4-7　2007—2013年历年广西壮族自治区期刊出版品种数增长率和每期平均印数增长率

2007—2013年，总印数除2012年增长25%外，其余年份均无增长。总印张数增长率有一定变化，2009年、2011年增长率为负值。如图4-8所示。

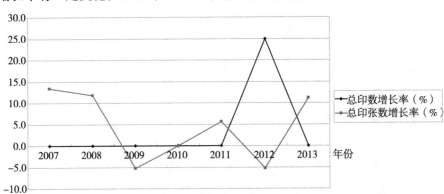

图4-8 2007—2013年历年广西壮族自治区期刊出版总印数增长率和总印张数增长率

三、报纸出版

2006—2013年，广西壮族自治区报纸出版数量见表4-5。2013年，广西壮族自治区出版报纸54种，每期平均印数269.2万份，总印数7.2亿份，总印张数25.2亿印张。

表4-5 广西壮族自治区报纸出版数量（2006—2013年）

年份	出版品种数（种）	每期平均印数（万份）	总印数（亿份）	总印张数（亿印张）
2006	55	246.9	6.0	16.8
2007	55	255.4	6.4	23.6
2008	55	252.7	6.5	25.3
2009	55	288.1	6.7	24.1
2010	55	251.0	7.0	28.6
2011	51	257.7	6.7	26.4
2012	54	264.8	7.0	25.6
2013	54	269.2	7.2	25.2

数据来源：国家统计局网站

2006—2013年，报纸出版品种数几乎没有变化。每期平均印数有一定变化，在2009年达到最高值，2010年与2009年相比有较大下降，随后逐渐上升。如图4-9所示。

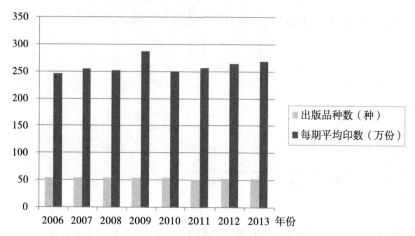

图4-9 广西壮族自治区报纸出版品种数和每期平均印数

2006—2013年，报纸出版总印数整体上呈上升趋势，总印张数呈先升后降趋势并逐渐趋于稳定。如图4-10所示。

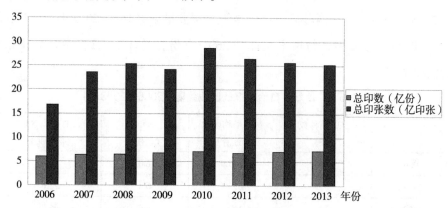

图4-10 2006—2013年历年广西壮族自治区报纸出版总印数和总印张数

2006—2013年报纸出版品种数2011年下降7.3%，2012年提高5.9%，其余年份增长率均为0，每期平均印数增长率有一定变化，2008年、2010年为负增长。如表4-6、图4-11所示。

表4-6 广西壮族自治区报纸出版增长率（2007—2013年）

年份	出版品种数增长率（%）	每期平均印数增长率（%）	总印数增长率（%）	总印张数增长率（%）
2007	0.0	3.4	6.7	40.5
2008	0.0	−1.1	1.6	7.2
2009	0.0	14.0	3.1	−4.7

续表

年份	出版品种数增长率（%）	每期平均印数增长率（%）	总印数增长率（%）	总印张数增长率（%）
2010	0.0	−12.9	4.5	18.7
2011	−7.3	2.7	−4.3	−7.7
2012	5.9	2.8	4.5	−3.0
2013	0.0	1.7	2.9	−1.6

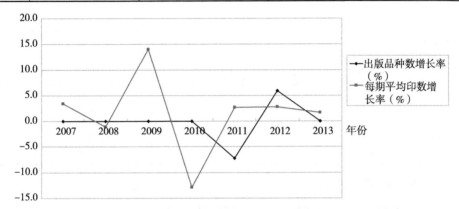

图4-11　2007—2013年历年广西壮族自治区报纸出版品种数增长率和每期平均印数增长率

2007—2013年，报纸出版总印数增长率2011年为负值，其余年份均为正值，总印张数2011—2013年连续三年为负增长。如图4-12所示。

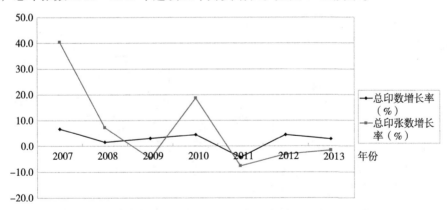

图4-12　2007—2013年历年广西壮族自治区报纸出版总印数增长率和总印张数增长率

四、儿童读物出版

2006—2013年，广西壮族自治区儿童读物出版数量见表4-7。2013年，儿童读物出版941种，总印数1743万册，总印张109189千印张。

表4-7 广西壮族自治区儿童读物出版数量（2006—2013年）

年份	儿童读物出版品种数（种）	儿童读物出版总印数（万册）	儿童读物出版总印张（千印张）
2006	176	874	40304
2007	151	512	30672
2008	788	2275	118091
2009	423	1481	53039
2010	609	1565	56807
2011	623	1208	64978
2012	988	1878	92354
2013	941	1743	109189

数据来源：国家统计局网站

2006—2013年，儿童读物出版品种数变化较大，2006年为176种，2008年大幅增加到788种，2009年下降至423种，2013年增长至941种。如图4-13所示。

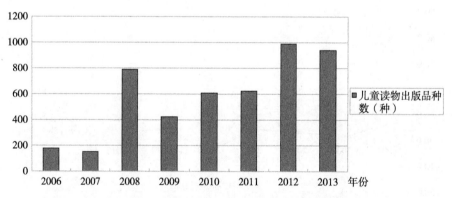

图4-13 2006—2013年历年广西壮族自治区儿童读物出版品种数

2006—2013年，儿童读物出版总印数变化较大，在2008年达到最高值，为2275万册，在2013年下降至1743万册。如图4-14所示。

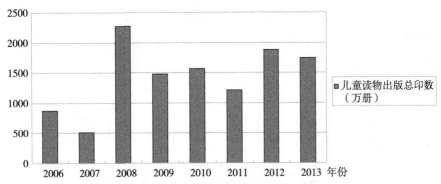

图4-14 2006—2013年历年广西壮族自治区儿童读物出版总印数

2006—2013年，儿童读物出版总印张数在2008年达到最高值，在2009年大幅下降，随后逐渐增加，2013年接近2008年的水平。如图4-15所示。

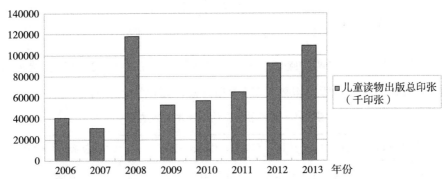

图4-15 2006—2013年历年广西壮族自治区儿童读物出版总印张数

2007—2013年，出版品种数增长率变化较大，在2008年增长421.9%，2009年下降46.3%。总印数在2008年增长344.3%，在2009年下降34.9%。总印张数在2008年增长285.0%，在2009年下降55.1%。如表4-8、图4-16所示。

表4-8 广西壮族自治区儿童读物出版增长率（2007—2013年）

年份	出版品种数增长率（%）	总印数增长率（%）	总印张数增长率（%）
2007	−14.2	−41.4	−23.9
2008	421.9	344.3	285.0
2009	−46.3	−34.9	−55.1
2010	44.0	5.7	7.1
2011	2.3	−22.8	14.4
2012	58.6	55.5	42.1
2013	−4.8	−7.2	18.2

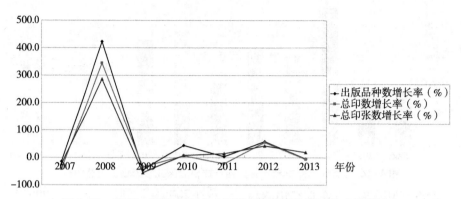

图4-16　2007—2013年历年广西壮族自治区儿童读物出版增长率

五、课本出版

2006—2013年，广西壮族自治区课本出版数量见表4-9。2013年，课本出版品种数381种，课本出版总印数10639万册，总印张697691千印张。

表4-9　广西壮族自治区课本出版数量

年份	课本出版品种数（种）	课本出版总印数（万册）	课本出版总印张（千印张）
2006	398	10311	643393
2007	497	13799	714517
2008	506	12289	764079
2009	459	11623	732489
2010	368	6653	435071
2011	394	9114	611823
2012	417	8750	595445
2013	381	10639	697691

数据来源：国家统计局网站

2006—2013年，课本出版品种数先升后降，整体呈下降趋势，2013年低于2006年的水平。如图4-17所示。

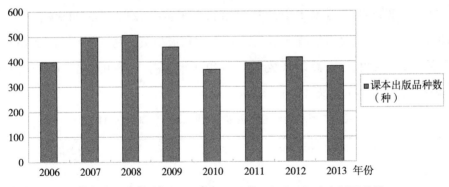

图4-17　2006—2013年历年广西壮族自治区课本出版品种数

2006—2013年，课本出版总印数在2007年达到最高值，随后开始下降，在2010年到最低值，后又逐渐上升，2013年略高于2006年的水平。如图4-18所示。

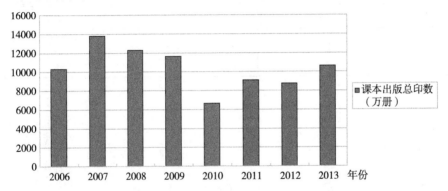

图4-18　2006—2013年历年广西壮族自治区课本出版总印数

2006—2013年，课本出版总印张数在2008年达到最高值，在2010年降至最低值，2010年后又有所增长。如图4-19所示。

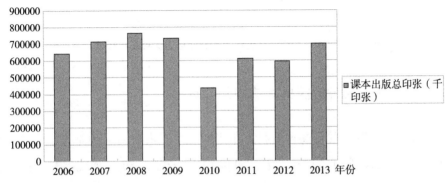

图4-19　2006—2013年历年广西壮族自治区课本出版总印张数

2007—2013年，课本出版品种数增长率最高为2007年的24.9%，最低为2010年的-19.8%。总印数增长率在2007年达到最高值，为33.8%，在2010年降至最低值，为-42.8%。总印张数增长率2011年最高，为40.6%，2010年最低，为-40.6%。如表4-10、图4-20所示。

表4-10 广西壮族自治区课本出版增长率（2007—2013年）

年份	出版品种数增长率（%）	总印数增长率（%）	总印张数增长率（%）
2007	24.9	33.8	11.1
2008	1.8	−10.9	6.9
2009	−9.3	−5.4	−4.1
2010	−19.8	−42.8	−40.6
2011	7.1	37.0	40.6
2012	5.8	−4.0	−2.7
2013	−8.6	21.6	17.2

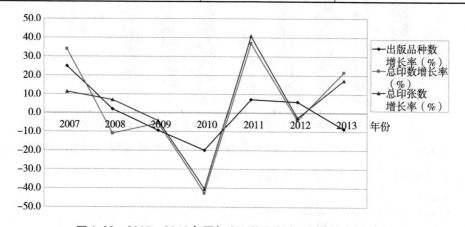

图4-20 2007—2013年历年广西壮族自治区课本出版增长率

六、广西壮族自治区出版结构及特点

2006—2013年，在书报刊出版总印张构成中，占比最大的是报纸，第二位是图书出版，二者合计占95%以上，期刊出版占比不足5%。如表4-11、图4-21所示。

表4-11 广西壮族自治区书报刊出版结构（2006—2013年）

年份	图书出版总印张占比（%）	期刊出版总印张占比（%）	报纸出版总印张占比（%）
2006	39.4	5.0	55.6
2007	35.3	4.3	60.4
2008	37.5	4.4	58.2
2009	39.2	4.2	56.6
2010	33.8	3.9	62.3
2011	37.9	4.2	57.9
2012	41.3	3.9	54.8
2013	46.9	3.9	49.2

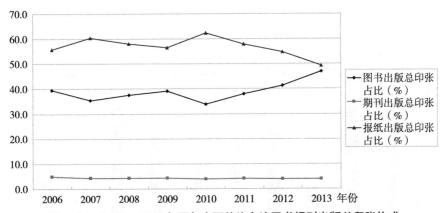

图4-21 2006—2013年历年广西壮族自治区书报刊出版总印张构成

2006—2013年，图书出版中新出版品种占比有所波动，2006年为58%，2013年为53.9%。平均印数呈下降趋势，2013年低于2006年的水平。平均印张数先下降后上升，在2013年超过了2006年的水平。如表4-12、图4-22、图4-23所示。

表4-12 广西壮族自治区图书出版平均指标（2006—2013年）

年份	新出版品种占比（%）	平均印数（万册）	平均印张数（万印张）
2006	58.0	4.3	26.7
2007	41.0	5.0	27.5
2008	49.7	4.1	25.6
2009	50.7	3.6	23.1

续表

年份	新出版品种占比（%）	平均印数（万册）	平均印张数（万印张）
2010	45.3	3.4	21.1
2011	47.3	3.5	22.5
2012	49.5	3.3	22.3
2013	53.9	3.9	27.3

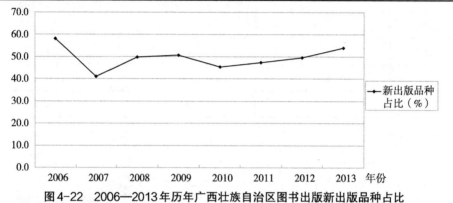

图4-22　2006—2013年历年广西壮族自治区图书出版新出版品种占比

图4-23　2006—2013年历年广西壮族自治区图书出版平均印数和平均印张数

2006—2013年，广西壮族自治区儿童读物出版占比呈上升趋势，在2008年达到12.4%，在2009年下降，随后又逐渐上升，在2012年达到11.4%，2013年略有下降，为10.7%。儿童读物出版总印数占比与品种数占比变化趋势相似。课本出版品种数所占比重整体下降，总印数所占比重也有所下降，2013年占比数值为31.3%，比2006年低23个百分点。如表4-13、图4-24、图4-25所示。

表4-13 广西壮族自治区儿童读物和课本出版占比（2006—2013年）

年份	儿童读物出版品种数占比（%）	儿童读物出版总印数占比（%）	课本出版品种数占比（%）	课本出版总印数占比（%）
2006	4.0	4.6	8.9	54.3
2007	3.0	2.0	9.9	55.2
2008	12.4	8.8	7.9	47.3
2009	5.8	5.7	6.3	44.7
2010	8.3	6.3	5.0	26.6
2011	8.1	4.5	5.1	33.8
2012	11.4	6.5	4.8	30.2
2013	10.7	5.1	4.3	31.3

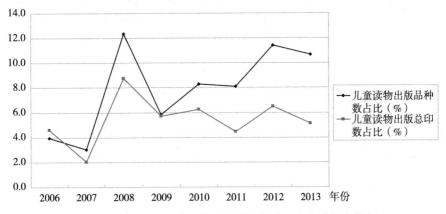

图4-24 2006—2013年历年广西壮族自治区儿童读物出版占比

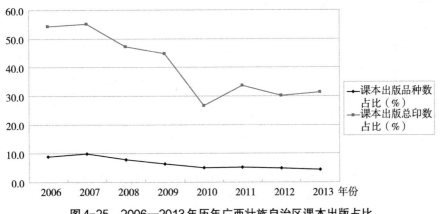

图4-25 2006—2013年历年广西壮族自治区课本出版占比

七、广西壮族自治区出版物发行

2010—2013年，广西壮族自治区出版物发行机构及人员统计见表4-14。2013年，广西壮族自治区有出版物发行机构4988处，其中国有书店及国有发行网点数250处，新华书店系统外批发网点数78处，集体、个体零售网点数2640处。新华书店系统出版社自办发行从业人员4150人，国有书店及国有发行网点从业人员3930人。如图4-26、图4-27所示。

表4-14　广西壮族自治区出版物发行机构和人员（2010—2013年）

年份	出版物发行机构数（处）	国有书店及国有发行网点数（处）	新华书店系统外批发网点数（处）	集体、个体零售网点数（处）	新华书店系统出版社自办发行从业人数（人）	国有书店及国有发行网点从业人数（人）
2010	4604	255	74	2649	4368	4088
2011	5051	255	119	2649	4568	4204
2012	5007	255	78	2649	4260	4293
2013	4988	250	78	2640	4150	3930

资料来源：国家统计局

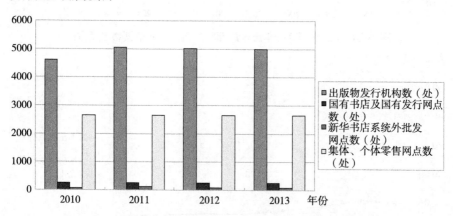

图4-26　2010—2013年历年广西壮族自治区出版物发行机构数

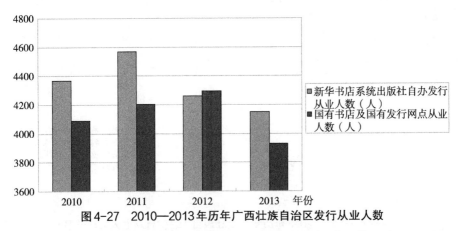

图4-27　2010—2013年历年广西壮族自治区发行从业人数

2011—2013年，出版物发行机构数增长率在2011年为正值，在2012和2013年均为负值。国有书店及国有发行点数在2013年下降，新华书店系统外批发网点数在2011年大幅增长，在2012年下降，在2013年保持不变。集体、个体零售网点数在2013年为负增长。新华书店系统出版社自办发行从业人数2012年、2013年有所减少，国有书店及国有发行网点从业人数2013年为负增长。如表4-15、图4-28、图4-29所示。

表4-15　广西壮族自治区出版物发行机构和人员增长率（2011—2013年）

年份	出版物发行机构数增长率（%）	国有书店及国有发行网点数增长率（%）	新华书店系统外批发网点数增长率（%）	集体、个体零售网点数增长率（%）	新华书店系统出版社自办发行从业人数增长率（%）	国有书店及国有发行网点从业人数增长率（%）
2011	9.7	0.0	60.8	0.0	4.6	2.8
2012	−0.9	0.0	−34.5	0.0	−6.7	2.1
2013	−0.4	−2.0	0.0	−0.3	−2.6	−8.5

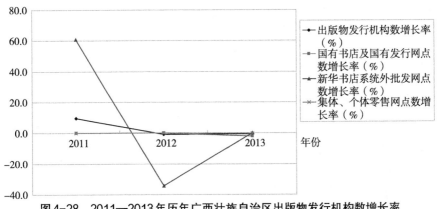

图4-28　2011—2013年历年广西壮族自治区出版物发行机构数增长率

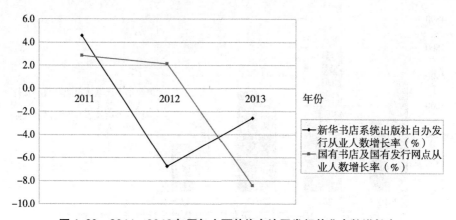

图4-29 2011—2013年历年广西壮族自治区发行从业人数增长率

第五章 海南省出版业发展状况分析

一、图书出版

截至2013年，海南省共有出版单位7家，其中图书出版单位4家，音像出版单位2家，电子出版物出版单位1家。

2006—2013年，海南省图书出版数量见表5-1。2013年，海南省出版图书3431种，其中新出版品种1134种，总印数0.6亿册，总印张数4.6亿印张。

表5-1 海南省图书出版数量（2006—2013年）

年份	出版品种数（种）	新出版品种数（种）	总印数（亿册）	总印张数（亿印张）
2006	1733	690	0.5	4.0
2007	1975	736	0.5	5.0
2008	2386	1114	0.7	5.3
2009	1930	764	0.7	4.1
2010	2629	1111	0.7	4.6
2011	2917	1442	0.7	4.5
2012	3315	1484	0.8	4.8
2013	3431	1134	0.6	4.6

数据来源：国家统计局网站

2006—2013年，图书出版品种数整体增加，新出版品种数也是如此，但是2013年与2012年相比有所下降。如图5-1所示。

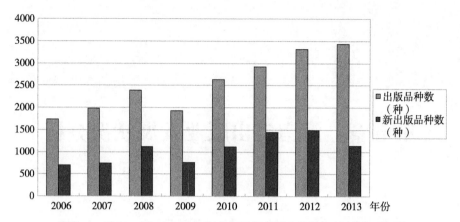

图5-1　2006—2013年历年海南省图书出版品种数和新出版品种数

2006—2013年，图书出版总印数有一定的变化，总印张数呈先升后降趋势，长期来看预计具有下降的趋势。如图5-2所示。

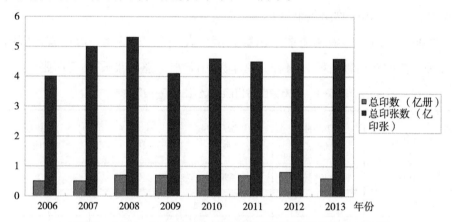

图5-2　2006—2013年历年海南省图书出版总印数和总印张数

2007—2013年，图书出版品种数增长率绝大多数年份为正值，在2009年为负增长，新出版品种数在2009年、2013年为负增长。如表5-2、图5-3所示。

表5-2　海南省图书出版增长率（2007—2013年）

年份	出版品种数增长率（%）	新出版品种数增长率（%）	总印数增长率（%）	总印张数增长率（%）
2007	14.0	6.7	0.0	25.0
2008	20.8	51.4	40.0	6.0
2009	−19.1	−31.4	0.0	−22.6

续表

年份	出版品种数增长率（%）	新出版品种数增长率（%）	总印数增长率（%）	总印张数增长率（%）
2010	36.2	45.4	0.0	12.2
2011	11.0	29.8	0.0	−2.2
2012	13.6	2.9	14.3	6.7
2013	3.5	−23.6	−25.0	−4.2

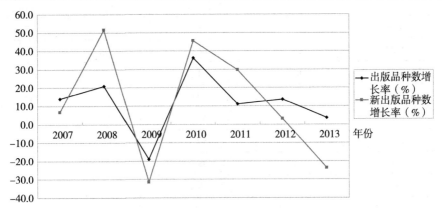

图5-3　2007—2013年历年海南省图书出版品种数增长率和新出版品种数增长率

2007—2013年，图书出版总印数2013年为负增长，总印张数增长率有一定波动，2009年、2011年、2013年增长率为负值。如图5-4所示。

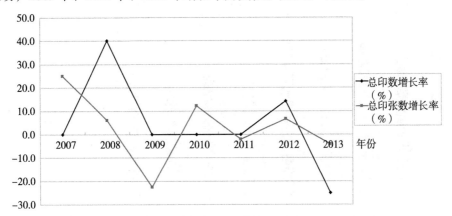

图5-4　2007—2013年历年海南省图书出版总印数增长率和总印张数增长率

二、期刊出版

2006—2013年，海南省期刊出版数量见表5-3。2013年，海南省共出版期刊44种，每期平均印数49.1万册，总印数0.1亿册，总印张数0.6亿印张。

表5-3　海南省期刊出版数量（2006—2013年）

年份	出版品种数（种）	每期平均印数（万册、万份）	总印数（亿册）	总印张数（亿印张）
2006	40	59.0	0.1	0.7
2007	40	66.0	0.1	0.8
2008	40	61.0	0.1	0.8
2009	42	68.0	0.1	0.7
2010	42	56.0	0.1	0.8
2011	42	52.5	0.1	0.6
2012	43	48.9	0.1	0.6
2013	44	49.1	0.1	0.6

数据来源：国家统计局网站

2006—2013年，期刊出版品种数变化不大。2006年为40种，2013年多达44种。每期平均印数呈先升后降趋势，长期看来具有下降的趋势。如图5-5所示。

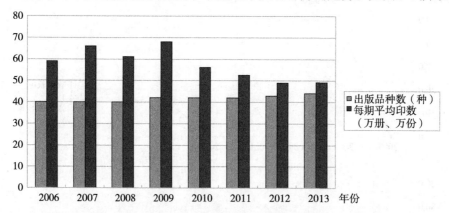

图5-5　2006—2013年历年海南省期刊出版品种数和每期平均印数

2006—2013年，期刊出版总印数保持不变，总印张数有所变化。如图5-6所示。

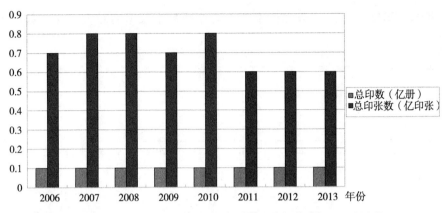

图5-6　2006—2013年历年海南省图书出版总印数和总印张数

2006—2013年，期刊出版品种数增长率变化不大，每期平均印数增长率变化较大，在2007年高达11.9%，在2010年低至-17.6%。如表5-4、图5-7所示。

表5-4　海南省期刊出版增长率（007—2013年）

年份	出版品种数增长率（%）	每期平均印数增长率（%）	总印数增长率（%）	总印张数增长率（%）
2007	0.0	11.9	0.0	14.3
2008	0.0	-7.6	0.0	0.0
2009	5.0	11.5	0.0	-12.5
2010	0.0	-17.6	0.0	14.3
2011	0.0	-6.3	0.0	-25.0
2012	2.4	-6.9	0.0	0.0
2013	2.3	0.4	0.0	0.0

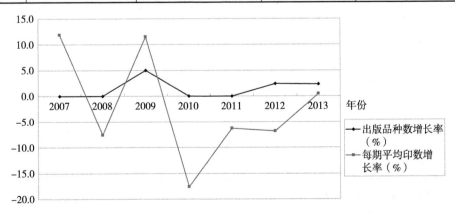

图5-7　2007—2013年历年海南省期刊出版品种数增长率和每期平均印数增长率

2006—2013年，总印数保持不变，总印张数增长率有较大变化。如图5-8所示。

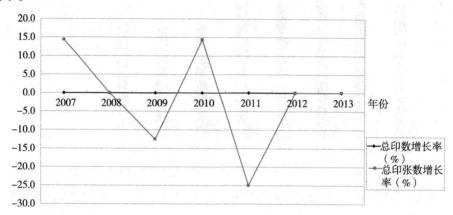

图5-8　2007—2013年历年海南省期刊出版总印数增长率和总印张数增长率

三、报纸出版

2006—2013年，海南省报纸本出版数量见表5-5。2013年，海南省出版报纸14种，每期平均印数90.6万份，总印数2.5亿份，总印张数8.3亿印张。

表5-5　海南省报纸出版数量（2006—2013年）

年份	出版品种数 （种）	每期平均印数 （万份）	总印数 （亿份）	总印张数 （亿印张）
2006	16	113.6	2.4	7.2
2007	16	104.5	2.5	7.6
2008	16	108.5	2.7	7.8
2009	14	89.9	2.3	7.4
2010	14	88.0	2.1	5.8
2011	14	90.0	2.4	7.5
2012	12	91.6	2.4	7.6
2013	14	90.6	2.5	8.3

数据来源：国家统计局网站

2006—2013年，报纸出版品种数变化不大。每期平均印数有一定变化，先下降后上升并逐渐趋于稳定。如图5-9所示。

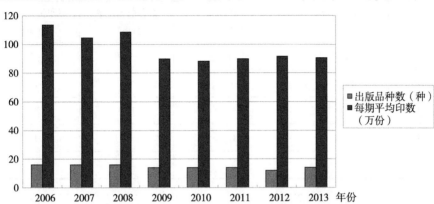

图5-9 2006—2013年历年海南省报纸出版品种数和每期平均印数

2006—2013年，报纸出版总印数整体上变化不大，在2011—2013年略有上升，总印张数有所波动并呈现上升的趋势。如图5-10所示。

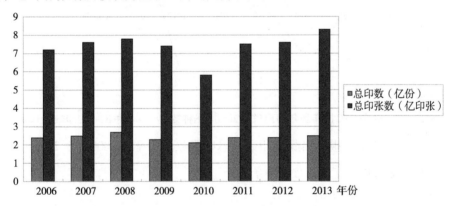

图5-10 2006—2013年历年海南省报纸出版总印数和总印张数

2007—2013年，报纸出版品种数增长率在2009年、2012年为负值，在2013年增长16.7%。每期平均印数增长率有一定变化，在2009年下降较大。如表5-6、图5-11所示。

表5-6 海南省报纸出版增长率（2007—2013年）

年份	出版品种数增长率（%）	每期平均印数增长率（%）	总印数增长率（%）	总印张数增长率（%）
2007	0.0	−8.0	4.2	5.6
2008	0.0	3.8	8.0	2.6

续表

年份	出版品种数增长率（%）	每期平均印数增长率（%）	总印数增长率（%）	总印张数增长率（%）
2009	−12.5	−17.1	−14.8	−5.1
2010	0.0	−2.1	−8.7	−21.6
2011	0.0	2.3	14.3	29.3
2012	−14.3	1.8	0.0	1.3
2013	16.7	−1.1	4.2	9.2

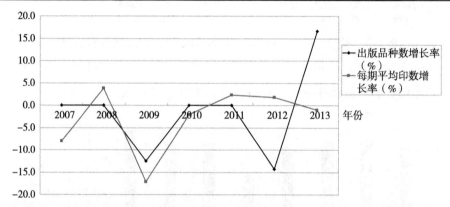

图5-11　2007—2013年历年海南省报纸出版品种数增长率和每期平均印数增长率

2007—2013年，报纸出版总印数和总印张数增长率在2009年、2010年为负值，在其余年份均为正值。如图5-12所示。

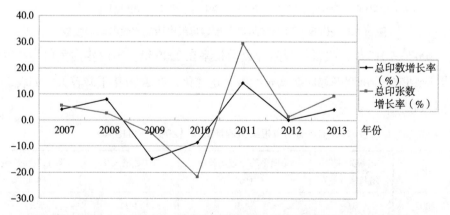

图5-12　2007—2013年历年海南省报纸出版总印数增长率和总印张数增长率

四、儿童读物出版

2006—2013年，海南省儿童读物出版数量见表5-7。2013年，儿童读物出版142种，总印数676万册，总印张39423千印张。2013年，儿童读物出版品种数、总印数和总印张数与2012年相比均有一定下降。

表5-7　海南省儿童读物出版数量（2006—2013年）

年份	儿童读物出版品种数（种）	儿童读物出版总印数（万册）	儿童读物出版总印张（千印张）
2006	108	186	15314
2007	13	24	1163
2008	31	95	4548
2009	23	66	2947
2010	30	80	3562
2011	40	60	4737
2012	149	892	42229
2013	142	676	39423

数据来源：国家统计局网站

2007—2013年，儿童读物出版品种数变化较大，2012年为149种，2013年下降到142种。如图5-13所示。

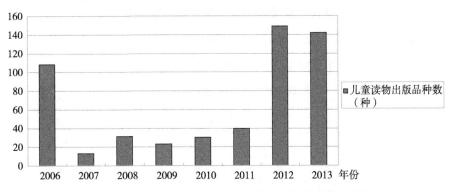

图5-13　2006—2013年历年海南省儿童读物出版品种数

2006—2013年，儿童读物出版总印数变化较大，在2012年高达892万册，在2013年下降到676万册。如图5-14所示。

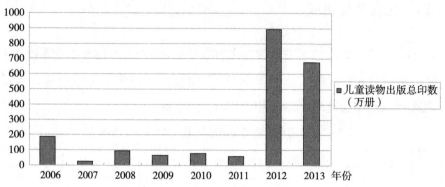

图5-14 2006—2013年历年海南省儿童读物出版总印数

2006—2013年，儿童读物出版总印张数2012年最高，2007年最低，2013年与2012年相比有所下降。如图5-15所示。

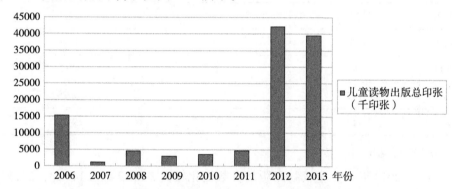

图5-15 2006—2013年历年海南省儿童读物出版总印张数

2007—2013年，种数增长率变化较大，2012年增长272.5%，2007年下降88%。总印数在2012年增长1386.7%，在2007年下降87.1%。总印张数在2012年增长791.5%，在2007年下降92.4%。如表5-8、图5-16所示。

表5-8 海南省儿童读物出版增长率（2007—2013年）

年份	出版品种数增长率（%）	总印数增长率（%）	总印张数增长率（%）
2007	−88.0	−87.1	−92.4
2008	138.5	295.8	291.1
2009	−25.8	−30.5	−35.2
2010	30.4	21.2	20.9

续表

年份	出版品种数增长率（%）	总印数增长率（%）	总印张数增长率（%）
2011	33.3	−25.0	33.0
2012	272.5	1386.7	791.5
2013	−4.7	−24.2	−6.6

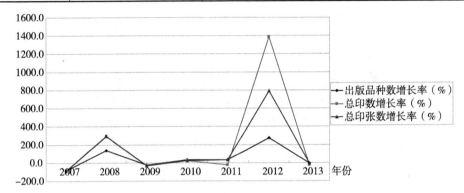

图5-16　2007—2013年历年海南省儿童读物出版增长率

五、课本出版

2006—2013年，海南省课本出版数量见表5-9。2013年，课本出版品种数138种，课本出版总印数1552万册，总印张84646千印张。

表5-9　海南省课本出版数量（2006—2013年）

年份	课本出版品种数（种）	课本出版总印数（万册）	课本出版总印张（千印张）
2006	46	1667	104641
2007	49	1705	98080
2008	178	1231	76715
2009	6	1181	76498
2010	23	1146	74873
2011	28	1128	75088
2012	17	1042	70889
2013	138	1552	84646

数据来源：国家统计局网站

2006—2013年，课本出版品种数在2006—2013年有较大波动，在2009年下降到6种，在2013达到138种。如图5-17所示。

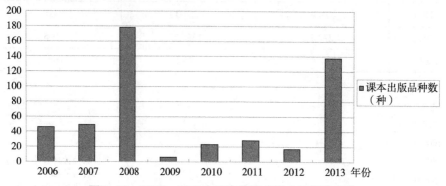

图5-17 2006—2013年历年海南省课本出版品种数

2006—2013年，课本出版总印数下降后上升，在2012年降至最低值，在2013年有大幅增长。如图5-18所示。

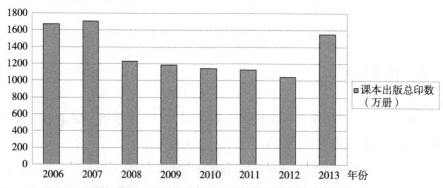

图5-18 2006—2013年历年海南省课本出版总印数

2006—2013年，课本出版总印张数变化与总印数变化趋势相似，在2012年降至最低值，在2013年有较大增长。如图5-19所示。

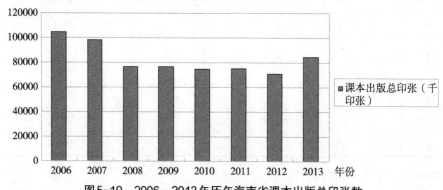

图5-19 2006—2013年历年海南省课本出版总印张数

2007—2013年，课本出版品种数增长率变化幅度较大，最高值为2013年的711.8%，最低值为2009年的-96.6%。总印数增长率在2013年为48.9%。总印张数增长率在2013年高达19.4%，在2008年低至-21.8%。如表5-10、图5-20所示。

表5-10　海南省课本出版增长率（2007—2013年）

年份	出版品种数增长率（%）	总印数增长率（%）	总印张数增长率（%）
2007	6.5	2.3	-6.3
2008	263.3	-27.8	-21.8
2009	-96.6	-4.1	-0.3
2010	283.3	-3.0	-2.1
2011	21.7	-1.6	0.3
2012	-39.3	-7.6	-5.6
2013	711.8	48.9	19.4

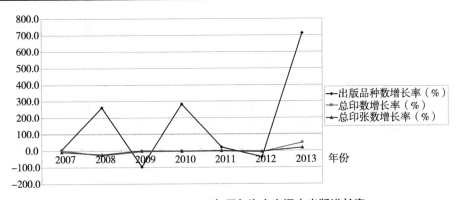

图5-20　2007—2013年历年海南省课本出版增长率

六、海南省出版结构及特点

2006—2013年，在书报刊出版总印张构成中，占比最大的是报纸，约占书报刊出版总印张的60%，图书出版总印张和期刊出版总印张合计约占书报刊出版总印张的40%。如表5-11、图5-21所示。

表5-11 海南省书报刊出版结构（2006—2013年）

年份	图书出版总印张占比（%）	期刊出版总印张占比（%）	报纸出版总印张占比（%）
2006	33.6	5.9	60.5
2007	37.3	6.0	56.7
2008	38.1	5.8	56.1
2009	33.6	5.7	60.7
2010	41.1	7.1	51.8
2011	35.7	4.8	59.5
2012	36.9	4.6	58.5
2013	34.1	4.4	61.5

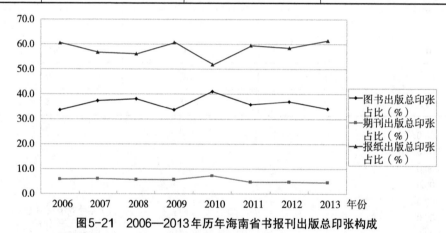

图5-21 2006—2013年历年海南省书报刊出版总印张构成

2006—2013年，图书出版中新出版品种占比有一定变化，在2011年达到最高值，为49.4%，在2013年下降到33.1%。平均印数和平均印张数呈下降趋势，2013年平均印数1.7万册，平均印张数13.4万印张，平均印数和平均印张数均与2006年相比均有所下降。如表5-12、图5-22、图5-23所示。

表5-12 海南省图书出版平均指标

年份	新出版品种占比（%）	平均印数（万册）	平均印张数（万印张）
2006	39.8	2.9	23.1
2007	37.3	2.5	25.3
2008	46.7	2.9	22.2
2009	39.6	3.6	21.2

续表

年份	新出版品种占比（%）	平均印数（万册）	平均印张数（万印张）
2010	42.3	2.7	17.5
2011	49.4	2.4	15.4
2012	44.8	2.4	14.5
2013	33.1	1.7	13.4

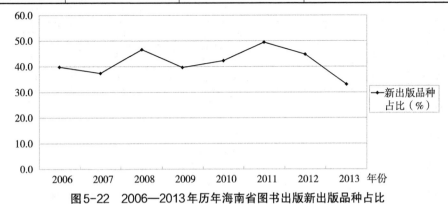

图5-22　2006—2013年历年海南省图书出版新出版品种占比

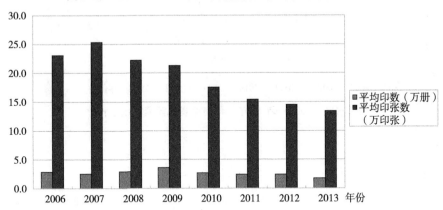

图5-23　2006—2013年历年海南省图书出版平均印数和平均印张数

2006—2013年，海南省儿童读物出版占比较低，最高的2006年为6.2%，总印数占比最高为2013年的11.3%。课本出版品种数占比2008年高达7.5%，在2009年低至0.3%。课本出版总印数所占比重2013年与2012年相比有较大增长，占25.9%。如表5-13、图5-24、图5-25所示。

表5-13 海南省儿童读物和课本出版占比（2006—2013年）

年份	儿童读物出版品种数占比（%）	儿童读物出版总印数占比（%）	课本出版品种数占比（%）	课本出版总印数占比（%）
2006	6.2	3.7	2.7	33.3
2007	0.7	0.5	2.5	34.1
2008	1.3	1.4	7.5	17.6
2009	1.2	0.9	0.3	16.9
2010	1.1	1.1	0.9	16.4
2011	1.4	0.9	1.0	16.1
2012	4.5	11.2	0.5	13.0
2013	4.1	11.3	4.0	25.9

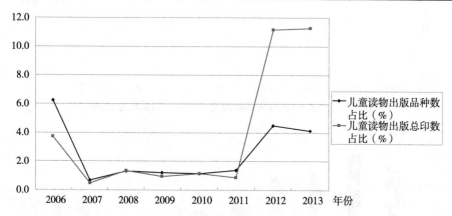

图5-24 2006—2013年历年海南省儿童读物出版占比

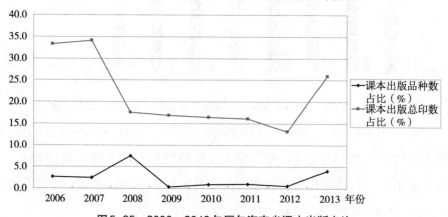

图5-25 2006—2013年历年海南省课本出版占比

七、海南省出版物发行

2010—2013年，海南省出版物发行机构及人员统计见表5-14。2013年，海南省有出版物发行机构724处，其中国有书店及国有发行网点28处，新华书店系统外批发网点41处，集体、个体零售网点278处。新华书店系统出版社自办发行从业人员985人，国有书店及国有发行网点从业人员930人。如图5-26、图5-27所示。

表5-14　海南省出版物发行机构和人员（2010—2013年）

年份	出版物发行机构数（处）	国有书店及国有发行网点数（处）	新华书店系统外批发网点数（处）	集体、个体零售网点数（处）	新华书店系统出版社自办发行从业人数（人）	国有书店及国有发行网点从业人数（人）
2010	594	38	18	167	946	922
2011	696	28	42	260	974	950
2012	723	28	45	275	924	957
2013	724	28	41	278	985	930

资料来源：国家统计局

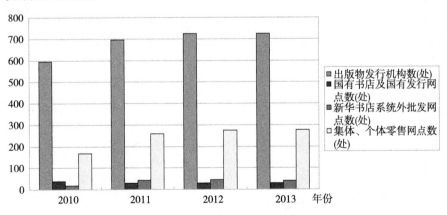

图5-26　2010—2013年历年海南省出版物发行机构数

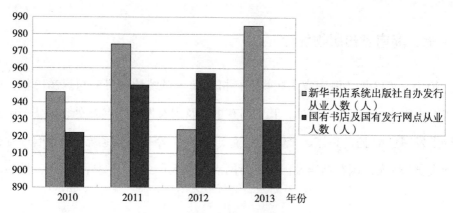

图5-27　2010—2013年历年海南省发行从业人数

2011—2013年，出版物发行机构数增长率均为正值，国有书店及国有发行点数在2011年下降，新华书店系统外批发网点数在2013年下降，集体、个体零售网点数增长率均为正值，新华书店系统出版社自办发行从业人数在2012年减少，国有书店及国有发行网点从业人数在2013年为负增长。如表5-15、图5-28、图5-29所示。

表5-15　海南省出版物发行机构和人员增长率（2011—2013年）

年份	出版物发行机构数增长率（%）	国有书店及国有发行网点数增长率（%）	新华书店系统外批发网点数增长率（%）	集体、个体零售网点数增长率（%）	新华书店系统出版社自办发行从业人数增长率（%）	国有书店及国有发行网点从业人数增长率（%）
2011	17.2	−26.3	133.3	55.7	3.0	3.0
2012	3.9	0.0	7.1	5.8	−5.1	0.7
2013	0.1	0.0	−8.9	1.1	6.6	−2.8

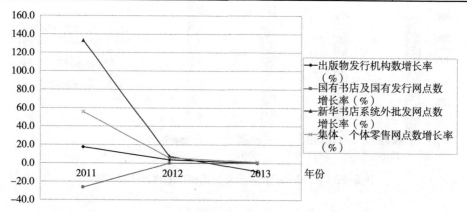

图5-28　2011—2013年历年海南省出版物发行机构数增长率

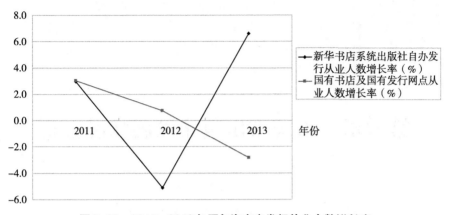

图5-29 2011—2013年历年海南省发行从业人数增长率

第六章　重庆市出版业发展状况分析

一、图书出版

截至2013年，重庆市共有出版单位15家，其中图书出版单位3家，音像出版单位6家，电子出版物出版单位6家。

2006—2013年，重庆市出版业图书出版数量见表6-1。2013年，重庆市出版图书5356种，其中新出版品种2363种，总印数1.4亿册，总印张数8.9亿印张。

表6-1　重庆市图书出版数量（2006—2013年）

年份	出版品种数（种）	新出版品种数（种）	总印数（亿册）	总印张数（亿印张）
2006	2881	1430	1.1	8.4
2007	3407	1886	1.0	6.5
2008	3774	1703	1.4	9.3
2009	3987	1940	1.3	9.1
2010	4690	2585	1.6	10.3
2011	5651	2087	1.6	10.1
2012	5052	2155	1.4	8.8
2013	5356	2363	1.4	8.9

数据来源：国家统计局网站

2006—2013年，图书出版品种数和新出版品种数呈上升趋势，图书出版品种数在2011年达到最大值，在2012年下降，2013年又有所上升，新出版品种数在2010年达到最大值，在2011年下降，在2012—2013年有所增加。如图6-1所示。

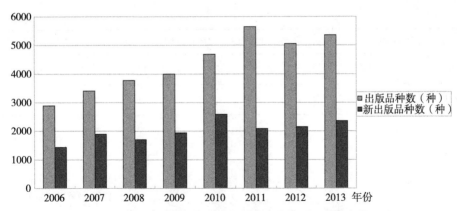

图6-1　2006—2013年历年重庆市图书出版品种数和新出版品种数

2006—2013年，图书出版总印数和总印张数均有所波动，在2010年达到最大值。如图6-2所示。

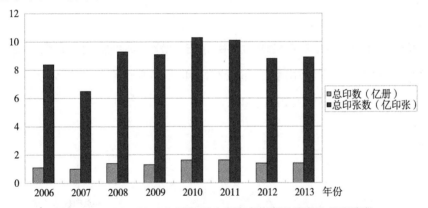

图6-2　2006—2013年历年重庆市图书出版总印数和总印张数

2007—2013年，图书出版品种数增长率有一定变化，2012年出现负增长。新出版品种增长率2008年、2011年为负值。如表6-2、图6-3所示。

表6-2　重庆市图书出版增长率（2007—2013年）

年份	出版品种数增长率（%）	新出版品种数增长率（%）	总印数增长率（%）	总印张数增长率（%）
2007	18.3	31.9	−9.1	−22.6
2008	10.8	−9.7	40.0	43.1
2009	5.6	13.9	−7.1	−2.2
2010	17.6	33.2	23.1	13.2
2011	20.5	−19.3	0.0	−1.9

续表

年份	出版品种数增长率（%）	新出版品种数增长率（%）	总印数增长率（%）	总印张数增长率（%）
2012	-10.6	3.3	-12.5	-12.9
2013	6.0	9.7	0.0	1.1

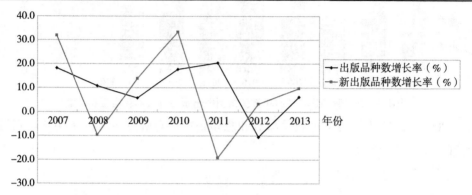

图6-3　2007—2013年历年重庆市图书出版品种数增长率和新出版品种数增长率

2007—2013年，图书出版总印数和总印张数增长率呈正负交替变化的状态，二者的变化趋势相似。如图6-4所示。

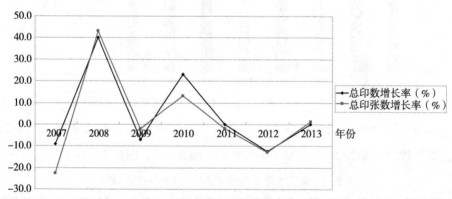

图6-4　2007—2013年历年重庆市图书出版总印数增长率和总印张数增长率

二、期刊出版

2006—2013年，重庆市期刊出版数量见表6-3。2013年，重庆市共出版期刊137种，每期平均印数262.2万册，总印数0.6亿册，总印张数3.5亿印张。

表6-3　重庆市期刊出版数量（2006—2013年）

年份	出版品种数（种）	每期平均印数（万册、万份）	总印数（亿册）	总印张数（亿印张）
2006	134	298.0	0.4	2.6
2007	134	320.0	0.7	4.5
2008	133	301.0	0.5	3.5
2009	139	269.0	0.5	3.6
2010	139	238.0	0.5	3.6
2011	138	264.6	0.5	3.3
2012	137	265.6	0.5	3.5
2013	137	262.2	0.6	3.5

数据来源：国家统计局网站

2006—2013年，期刊出版品种数有一定变化。每期平均印数整体下降，2013年与2006年相比减少35.8万册。如图6-5所示。

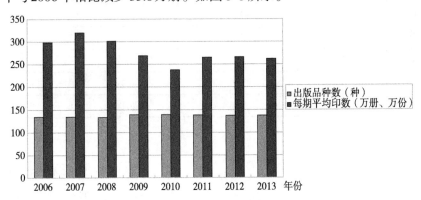

图6-5　2006—2013年历年重庆市期刊出版品种数和每期平均印数

2006—2013年，期刊出版总印数在2007年大幅增加，在2008年有所下降，在2013年有所增加。总印张数有一定变化，在2007年达到最大值，之后下降并逐步趋于稳定。如图6-6所示。

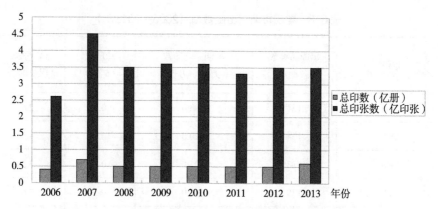

图6-6　2006—2013年历年重庆市图书出版总印数和总印张数

2006—2013年，期刊出版品种数增长率变化不大，每期平均印数增长率变化较大。如表6-4、图6-7所示。

表6-4　重庆市期刊出版增长率（2007—2013年）

年份	出版品种数增长率（%）	每期平均印数增长率（%）	总印数增长率（%）	总印张数增长率（%）
2007	0.0	7.4	75.0	73.1
2008	−0.7	−5.9	−28.6	−22.2
2009	4.5	−10.6	0.0	2.9
2010	0.0	−11.5	0.0	0.0
2011	−0.7	11.2	0.0	−8.3
2012	−0.7	0.4	0.0	6.1
2013	0.0	−1.3	20.0	0.0

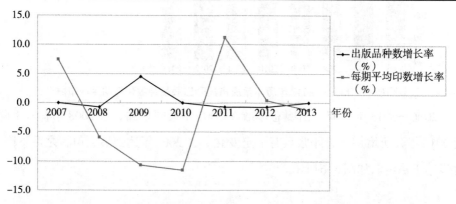

图6-7　2007—2013年历年重庆市期刊出版品种数增长率和每期平均印数增长率

2006—2013年，总印数2007年大幅增长，在2008年开始下降，截至2013年保持不变。总印张数增长率在2008年、2011年为负值。如图6-8所示。

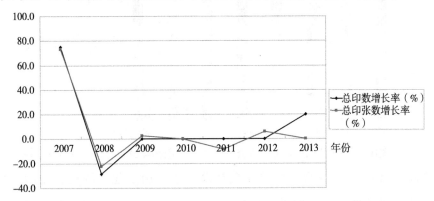

图6-8 2006—2013年历年重庆市期刊出版总印数增长率和总印张数增长率

三、报纸出版

2006—2013年，重庆市报纸出版数量见表6-5。2013年，重庆市出版报纸27种，每期平均印数287.9万份，总印数6.3亿份，总印张数32亿印张。

表6-5 重庆市报纸出版数量（2006—2013年）

年份	出版品种数（种）	每期平均印数（万份）	总印数（亿份）	总印张数（亿印张）
2006	26	284.4	5.8	34.4
2007	26	260.0	5.3	31.4
2008	27	261.4	6.2	32.0
2009	26	268.1	5.7	34.8
2010	26	296.0	5.9	33.2
2011	26	315.8	6.6	36.8
2012	26	321.1	6.9	35.4
2013	27	287.9	6.3	32.0

数据来源：国家统计局网站

2006—2013年，报纸出版品种数几乎没有变化。每期平均印数有一定变化，先下降后上升再下降。如图6-9所示。

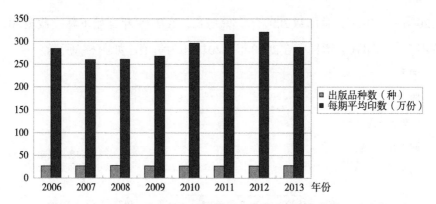

图6-9　2006—2013年历年重庆市报纸出版品种数和每期平均印数

2006—2013年，报纸出版总印数和总印数经历了起伏波动，总印张数在2011—2013年连续下降。如图6-10所示。

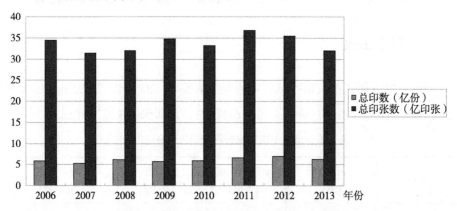

图6-10　2006—2013年历年重庆市报纸出版总印数和总印张数

2007—2013年，报纸出版品种数基本保持不变，每期平均印数增长率有一定变化，2007年、2013年出现负增长。如表6-6、图6-11所示。

表6-6　重庆市报纸出版增长率（2007—2013年）

年份	出版品种数增长率（%）	每期平均印数增长率（%）	总印数增长率（%）	总印张数增长率（%）
2007	0.0	-8.6	-8.6	-8.7
2008	3.8	0.5	17.0	1.9
2009	-3.7	2.6	-8.1	8.7
2010	0.0	10.4	3.5	-4.6
2011	0.0	6.7	11.9	10.8

续表

年份	出版品种数增长率 （%）	每期平均印数增长率 （%）	总印数增长率 （%）	总印张数增长率 （%）
2012	0.0	1.7	4.5	-3.8
2013	3.8	-10.3	-8.7	-9.6

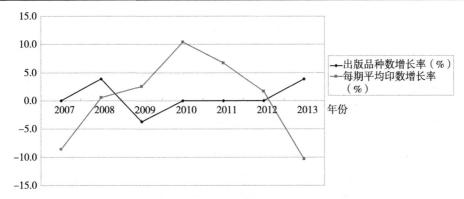

图6-11　2007—2013年历年重庆市报纸出版品种数出版率和每期平均印数增长率

2007—2013年，报纸出版总印数和总印张数增长率变化较大，在一些年份为负增长。如图6-12所示。

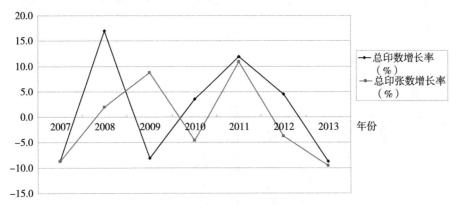

图6-12　2007—2013年历年重庆市报纸出版总印数增长率和总印张数增长率

四、儿童读物出版

2006—2013年，重庆市儿童读物出版数量见表6-7。2013年，儿童读物出版26种，总印数34万册，总印张1160千印张。2013年，儿童读物出版品种数、总印数和总印张数与2012年相比均有大幅下降。

表6-7　重庆市儿童读物出版数量

年份	儿童读物出版品种数 （种）	儿童读物出版总印数 （万册）	儿童读物出版总印张 （千印张）
2006	112	249	4826
2007	106	161	3495
2008	57	188	3169
2009	42	180	2916
2010	64	214	5667
2011	76	176	2946
2012	49	207	3633
2013	26	34	1160

数据来源：国家统计局网站

2006—2013年，儿童读物出版品种数变化较大，整体呈下降趋势。如图6-13所示。

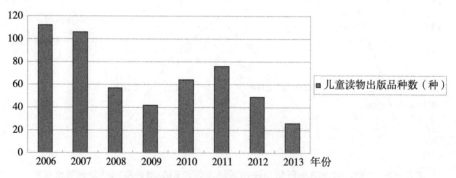

图6-13　2006—2013年历年重庆市儿童读物出版品种数

2006—2013年，儿童读物出版总印数变化较大，尤其是2013年出现大幅下降。如图6-14所示。

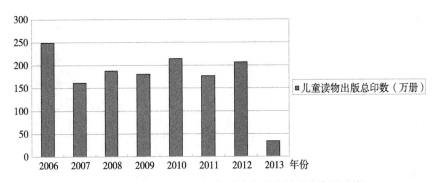

图6-14　2006—2013年历年重庆市儿童读物出版总印数

2006—2013年，儿童读物出版总印张数在2010年达到最大值，2013年与比2012年相比大幅下降。如图6-15所示。

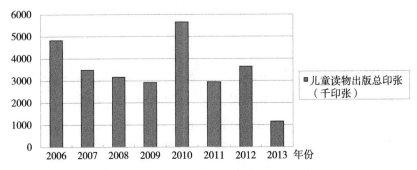

图6-15　2006—2013年历年重庆市儿童读物出版总印张数

2007—2013年，种数增长率变化较大，除在2010年、2011年外增长率均为负值。总印数增长率正负交替变化，总印张数增长率多数年份为负值。如表6-8、图6-16所示。

表6-8　重庆市儿童读物出版增长率（2007—2013年）

年份	出版品种数增长率（%）	总印数增长率（%）	总印张数增长率（%）
2007	−5.4	−35.3	−27.6
2008	−46.2	16.8	−9.3
2009	−26.3	−4.3	−8.0
2010	52.4	18.9	94.3
2011	18.8	−17.8	−48.0
2012	−35.5	17.6	23.3
2013	−46.9	−83.6	−68.1

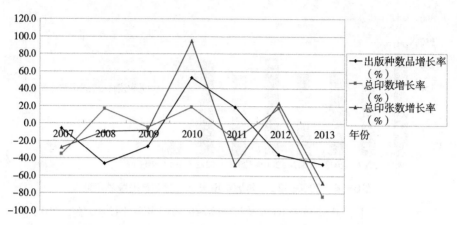

图6-16 2007—2013年历年重庆市儿童读物出版增长率

五、课本出版

2006—2013年，重庆市课本出版数量见表6-9。2013年，课本出版品种数为1897种，课本出版总印数为6440万册，总印张为428753千印张。

表6-9 重庆市课本出版数量（2006—2013年）

年份	课本出版品种数（种）	课本出版总印数（万册）	课本出版总印张（千印张）
2006	1312	7420	542182
2007	1268	6098	373244
2008	1197	4566	289833
2009	856	3959	248747
2010	1318	7396	515864
2011	1488	6007	423630
2012	1534	5890	405258
2013	1897	6440	428753

数据来源：国家统计局网站

2006—2013年，课本出版品种数有较大波动，在2009年下降到最低值，随后逐年增长。如图6-17所示。

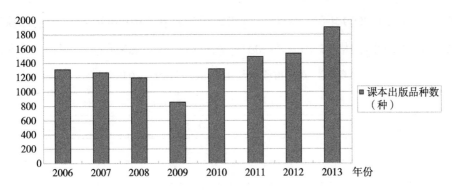

图6-17　2006—2013年历年重庆市课本出版品种数

2006—2013年，课本出版总印数经历较大变化，在2006—2009年逐年下降，在2010年有大幅增加，2013年与2012年相比有所增长。如图6-18所示。

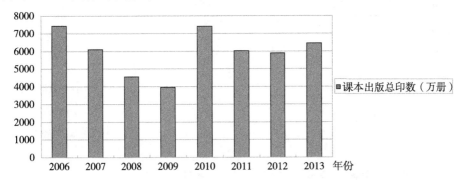

图6-18　2006—2013年历年重庆市课本出版总印数

2006—2013年，课本出版总印张数变化与总印数变化趋势相似。如图6-19所示。

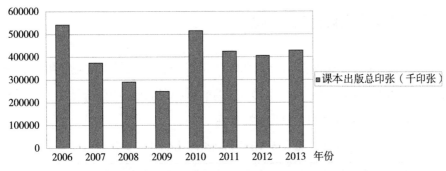

图6-19　2006—2013年历年重庆市课本出版总印张数

2007—2013年，课本出版品种数增长率变化幅度较大，最高值为2010年的

54%，最低值为2009年的-28.5%。总印数增长率在2010年为86.8%。总印张数增长率在2010年高达107.4%，在2007年低至-31.2%。如表6-10、图6-20所示。

表6-10　重庆市课本出版增长率（2007—2013年）

年份	出版品种数增长率（%）	总印数增长率（%）	总印张数增长率（%）
2007	-3.4	-17.8	-31.2
2008	-5.6	-25.1	-22.3
2009	-28.5	-13.3	-14.2
2010	54.0	86.8	107.4
2011	12.9	-18.8	-17.9
2012	3.1	-1.9	-4.3
2013	23.7	9.3	5.8

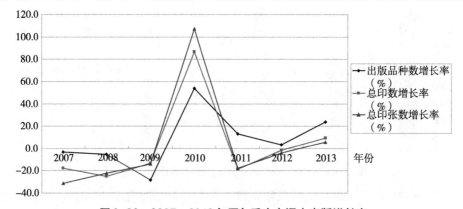

图6-20　2007—2013年历年重庆市课本出版增长率

六、重庆市出版结构及特点

2006—2013年，在书报刊出版总印张构成中，占比最大的是报纸，占书报刊出版总印张的70%以上，图书出版总印张和期刊出版总印张合计约占书报刊出版总印张的20%。如表6-11、图6-21所示。

表6-11　重庆市书报刊出版结构（2006—2013年）

年份	图书出版总印张占比（%）	期刊出版总印张占比（%）	报纸出版总印张占比（%）
2006	18.5	5.7	75.8

续表

年份	图书出版总印张占比（%）	期刊出版总印张占比（%）	报纸出版总印张占比（%）
2007	15.3	10.6	74.1
2008	20.8	7.8	71.4
2009	19.2	7.6	73.3
2010	21.9	7.6	70.5
2011	20.1	6.6	73.3
2012	18.4	7.3	74.2
2013	20.0	7.9	72.1

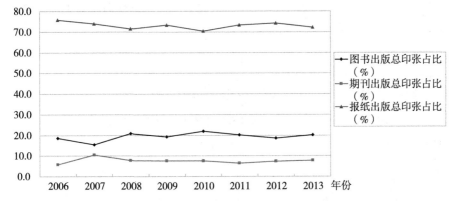

图6-21 2006—2013年历年重庆市书报刊出版总印张构成

2006—2013年，图书出版中新出版品种占比有一定变化，在2013年为44.1%。平均印数和平均印张数呈下降趋势，2013年平均印数2.6万册，平均印张数16.6万印张，平均印数和平均印张数均与2006年相比均有所下降。如表6-12、图6-22、图6-23所示。

表6-12 重庆市图书出版平均指标（2006—2013年）

年份	新出版品种占比（%）	平均印数（万册）	平均印张数（万印张）
2006	49.6	3.8	29.2
2007	55.4	2.9	19.1
2008	45.1	3.7	24.6
2009	48.7	3.3	22.8

续表

年份	新出版品种占比（％）	平均印数（万册）	平均印张数（万印张）
2010	55.1	3.4	22.0
2011	36.9	2.8	17.9
2012	42.7	2.8	17.4
2013	44.1	2.6	16.6

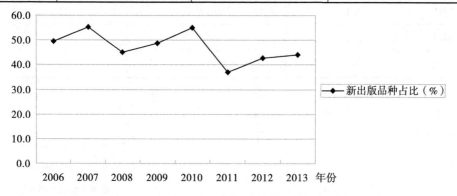

图6-22　2006—2013年历年重庆市图书出版新出版品种占比

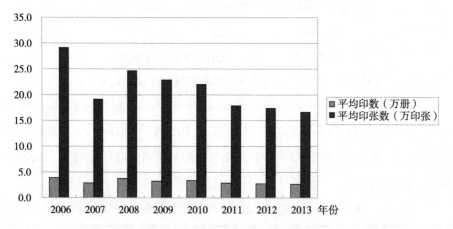

图6-23　2006—2013年历年重庆市图书出版平均印数和平均印张数

2006—2013年，重庆市儿童读物出版占比比较低，整体呈下降趋势，总印张占比也有所下降。课本出版品种数占比有一定的变化，在2009年低至21.5%。课本出版总印数所占比重变化趋势与品种数比重变化相似。如表6-13、图6-24、图6-25所示。

表6-13　重庆市儿童读物和课本出版占比（2006—2013年）

年份	儿童读物出版品种数占比（%）	儿童读物出版总印数占比（%）	课本出版品种数占比（%）	课本出版总印数占比（%）
2006	3.9	2.3	45.5	67.5
2007	3.1	1.6	37.2	61.0
2008	1.5	1.3	31.7	32.6
2009	1.1	1.4	21.5	30.5
2010	1.4	1.3	28.1	46.2
2011	1.3	1.1	26.3	37.5
2012	1.0	1.5	30.4	42.1
2013	0.5	0.2	35.4	46.0

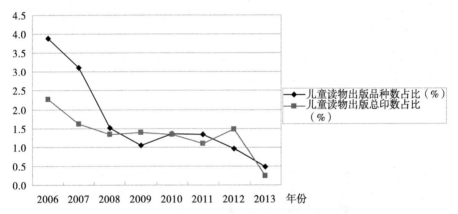

图6-24　2006—2013年历年重庆市儿童读物出版占比

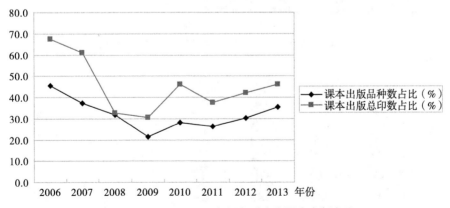

图6-25　2006—2013年历年重庆市课本出版占比

七、重庆市出版物发行

2010—2013年，重庆市出版物发行机构及人员统计见表6-14。2013年，重庆市有出版物发行机构5230处，其中国有书店及国有发行网点267处，新华书店系统外批发网点208处，集体、个体零售网点3855处。新华书店系统出版社自办发行从业人员2619人，国有书店及国有发行网点从业人员2569人。如图6-26、图6-27所示。

表6-14　重庆市出版物发行机构和人员（2010—2013年）

年份	出版物发行机构数（处）	国有书店及国有发行网点数（处）	新华书店系统外批发网点数（处）	集体、个体零售网点数（处）	新华书店系统出版社自办发行从业人数（人）	国有书店及国有发行网点从业人数（人）
2010	3787	267	215	2681	2439	2271
2011	3321	267	134	2296	2577	2562
2012	3486	267	127	2488	2745	2658
2013	5230	267	208	3855	2619	2569

资料来源：国家统计局

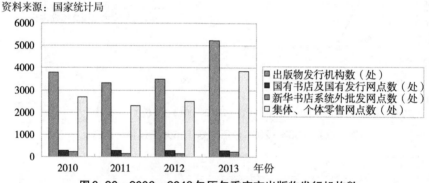

图6-26　2006—2013年历年重庆市出版物发行机构数

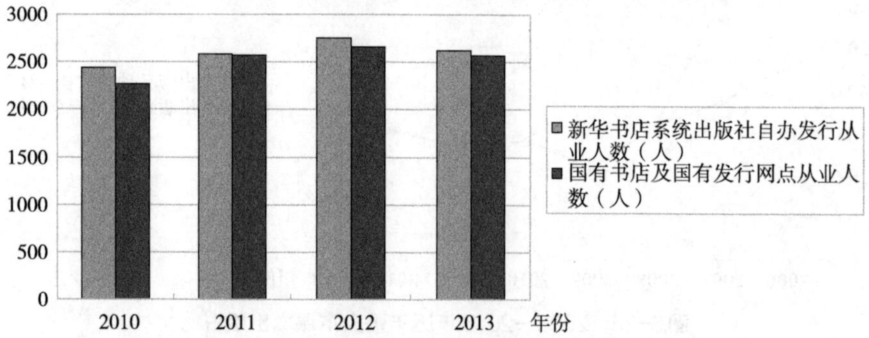

图6-27　2006—2013年历年重庆市发行从业人数

　　2011—2013年，出版物发行机构数增长率在2011年为负值，在2012年和2013年均为正值，国有书店及国有发行点数保持不变，新华书店系统外批发网点数在2011年、2012年连续下降，集体、个体零售网点数在2012年、2013年均为增长，新华书店系统出版社自办发行从业人数和国有书店及国有发行网点从业人数2013年为负增长。如表6-15、图6-28、图6-29所示。

表6-15　重庆市出版物发行机构和人员增长率（2011—2013年）

年份	出版物发行机构数增长率（%）	国有书店及国有发行网点数增长率（%）	新华书店系统外批发网点数增长率（%）	集体、个体零售网点数增长率（%）	新华书店系统出版社自办发行从业人数增长率（%）	国有书店及国有发行网点从业人数增长率（%）
2011	-12.3	0.0	-37.7	-14.4	5.7	12.8
2012	5.0	0.0	-5.2	8.4	6.5	3.7
2013	50.0	0.0	63.8	54.9	-4.6	-3.3

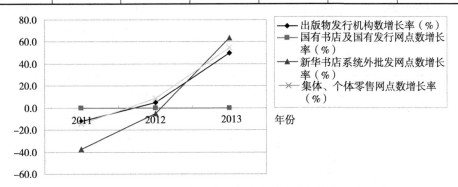

图6-28　2011—2013年历年重庆市出版物发行机构数增长率

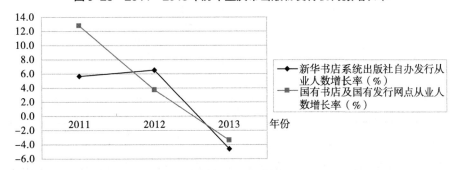

图6-29　2011—2013年历年重庆市发行从业人数增长

第七章　四川省出版业发展状况分析

一、图书出版

截至2013年，四川省共有出版单位34家，其中图书出版单位16家，音像出版单位10家，电子出版物出版单位8家。

2006—2013年，四川省图书出版数量见表7-1。2013年，四川省出版图书8554种，其中新出版品种4946种，总印数2.3亿册，总印张数18.7亿印张。

表7-1　四川省图书出版数量（2006—2013年）

年份	出版品种数 （种）	新出版品种数 （种）	总印数 （亿册）	总印张数 （亿印张）
2006	4873	3070	2.0	15.0
2007	5091	3275	2.0	13.8
2008	5667	3157	1.9	14.4
2009	6717	3863	1.8	13.6
2010	6645	3396	1.9	14.7
2011	8081	3951	2.5	17.9
2012	7794	4235	2.4	17.7
2013	8554	4946	2.3	18.7

数据来源：国家统计局网站

2006—2013年，图书出版品种数有所波动，整体上有所增加，新出版品种数也是如此。如图7-1所示。

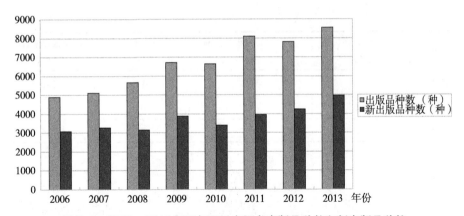

图7-1　2006—2013年历年四川省图书出版品种数和新出版品种数

2006—2013年，图书出版总印数和总印张数经历一定的起伏，但整体上有所增加。如图7-2所示。

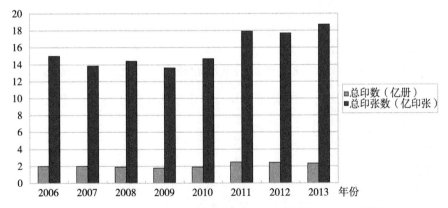

图7-2　2006—2013年历年四川省图书出版总印数和总印张数

2007—2010年，图书出版品种数增长率有一定变化，在2010年、2012年增长率为负值。新出版品种增长率在2008年、20110年为负值。如表7-2、图7-3所示。

表7-2　四川省图书出版增长率（2007—2013年）

年份	出版品种数增长率（%）	新出版品种数增长率（%）	总印数增长率（%）	总印张数增长率（%）
2007	4.5	6.7	0.0	−8.0
2008	11.3	−3.6	−5.0	4.3
2009	18.5	22.4	−5.3	−5.6
2010	−1.1	−12.1	5.6	8.1

续表

年份	出版品种数增长率 （%）	新出版品种数增长率 （%）	总印数增长率 （%）	总印张数增长率 （%）
2011	21.6	16.3	31.6	21.8
2012	−3.6	7.2	−4.0	−1.1
2013	9.8	16.8	−4.2	5.6

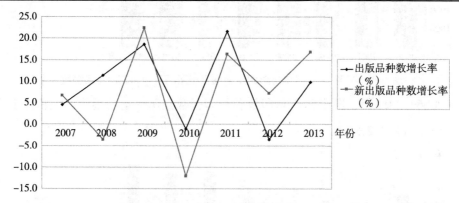

图7-3　2007—2013年历年四川省图书出版品种数增长率和新出版品种数增长率

2007—2013年，图书出版总印数和总印张数均在多年份为负增长，在2011年两者的增长率最高。如图7-4所示。

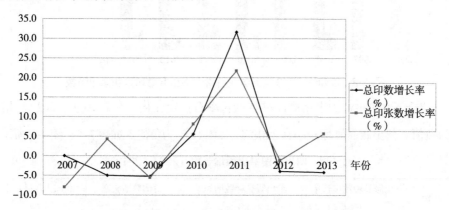

图7-4　四川省图书出版总印数增长率和总印张数增长率

二、期刊出版

2006—2013年，四川省期刊出版数量见表7-3。2013年，四川省共出版期刊

351种，每期平均印数417.3万册，总印数0.8亿册，总印张数5.5亿印张。

表7-3 四川省期刊出版数量（2006—2013年）

年份	出版品种数（种）	每期平均印数（万册、万份）	总印数（亿册）	总印张数（亿印张）
2006	334	509.0	0.8	6.0
2007	334	508.0	1.0	7.6
2008	337	497.0	1.0	7.1
2009	349	493.0	1.0	6.6
2010	349	498.0	1.1	7.5
2011	348	470.6	0.9	6.7
2012	348	470.5	0.9	6.5
2013	351	417.3	0.8	5.5

数据来源：国家统计局网站

2006—2013年，期刊出版品种数有所增加。在2006年为334种，在2013年为351种。每期平均印数不断下降。如图7-5所示。

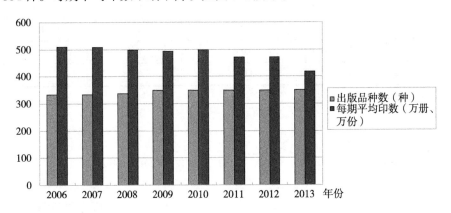

图7-5 2006—2013年历年四川省期刊出版品种数和每期平均印数

2006—2010年，期刊出版总印数有所波动，总印张数在波动中呈下降趋势。如图7-6所示。

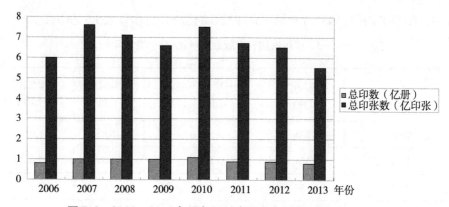

图7-6　2006—2013年历年四川省图书出版总印数和总印张数

2007—2013年，期刊出版品种数增长率变化不大，每期平均印数增长率在多数年份为负值，在2013年低至-11.3%。如表7-4、图7-7所示。

表7-4　四川省期刊出版增长率（2007—2013年）

年份	出版品种数增长率（%）	每期平均印数增长率（%）	总印数增长率（%）	总印张数增长率（%）
2007	0.0	−0.2	25.0	26.7
2008	0.9	−2.2	0.0	−6.6
2009	3.6	−0.8	0.0	−7.0
2010	0.0	1.0	10.0	13.6
2011	−0.3	−5.5	−18.2	−10.7
2012	0.0	0.0	0.0	−3.0
2013	0.9	−11.3	−11.1	−15.4

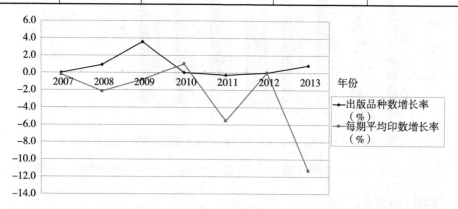

图7-7　2007—2013年历年四川省期刊出版品种数增长率和每期平均印数增长率

2006—2013年，总印数增长率变化较大，总印张数增长率变化走势与总印数增长率基本相同。如图7-8所示。

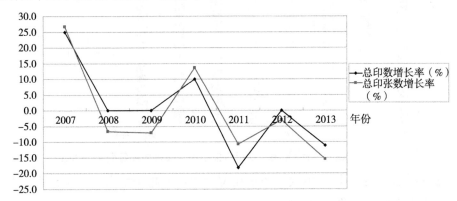

图7-8 2007—2013年历年四川省期刊出版总印数增长率和总印张数增长率

三、报纸出版

2006—2013年，四川省报纸出版数量见表7-5。2013年，四川省出版报纸89种，每期平均印数656万份，总印数17亿份，总印张数83.2亿印张。

表7-5 四川省报纸出版数量（2006—013年）

年份	出版品种数 （种）	每期平均印数 （万份）	总印数 （亿份）	总印张数 （亿印张）
2006	85	618.1	15.6	68.6
2007	85	647.6	15.6	62.8
2008	86	649.8	16.7	75.1
2009	87	575.4	15.3	78.9
2010	87	658.0	17.0	99.5
2011	89	664.5	17.3	101.6
2012	88	660.9	17.3	86.6
2013	89	656.0	17.0	83.2

数据来源：国家统计局网站

2006—2013年，报纸出版品种数较少变化。每期平均印数有所波动但变化不大。如图7-9所示。

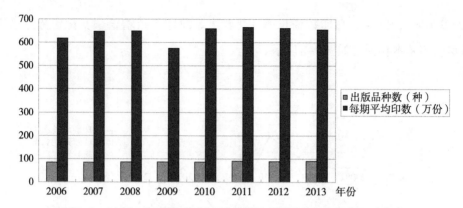

图7-9　2006—2013年历年四川省报纸出版品种数和每期平均印数

2006—2013年，报纸出版总印数在波动中逐渐趋于稳定，总印张数呈先上升后下降的趋势。如图7-10所示。

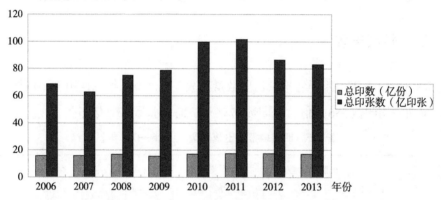

图7-10　2006—2013年历年四川省报纸出版总印数和总印张数

2007—2013年，报纸出版品种数略有变化，每期平均印数增长率有一定变化，在2009年下降相对较大。如表7-6、图7-11所示。

表7-6　四川省报纸出版增长率（2007—2013年）

年份	出版品种数增长率（%）	每期平均印数增长率（%）	总印数增长率（%）	总印张数增长率（%）
2007	0.0	4.8	0.0	-8.5
2008	1.2	0.3	7.1	19.6
2009	1.2	-11.4	-8.4	5.1
2010	0.0	14.4	11.1	26.1
2011	2.3	1.0	1.8	2.1
2012	-1.1	-0.5	0.0	-14.8
2013	1.1	-0.7	-1.7	-3.9

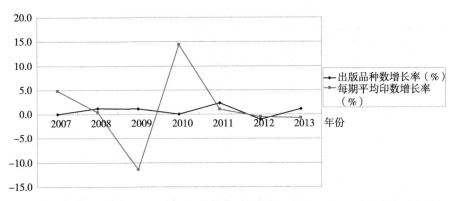

图7-11　2007—2013年历年四川省报纸出版品种数增长率和每期平均印数增长率

2007—2013年，报纸出版总印数和总印张数增长率均呈现一定的波动，总印张数在2012年、2013年为负增长。如图7-12所示。

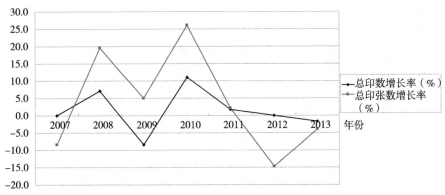

图7-12　2007—2013年历年四川省报纸出版总印数增长率和总印张数增长率

四、儿童读物出版

2006—2013年，四川省儿童读物出版数量见表7-7。2013年，儿童读物出版892种，总印数1120万册，总印张46633千印张。2013年，儿童读物出版品种数、总印数和总印张数与2012年相比均有较大增长。

表7-7　四川省儿童读物出版数量（2006—2013年）

年份	儿童读物出版品种数（种）	儿童读物出版总印数（万册）	儿童读物出版总印张（千印张）
2006	561	1094	28471
2007	433	532	15868
2008	707	1523	43692

续表

年份	儿童读物出版品种数（种）	儿童读物出版总印数（万册）	儿童读物出版总印张（千印张）
2009	603	998	32356
2010	759	1504	43464
2011	770	1054	48941
2012	650	611	32571
2013	892	1120	46633

数据来源：国家统计局网站

2006—2013年，儿童读物出版品种数变化较大，在2012年为650种，在2013年增加到892种。如图7-13所示。

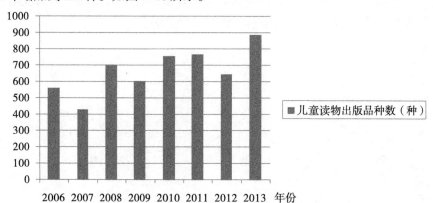

图7-13 2006—2013年历年四川省儿童读物出版品种数

2006-2013年，儿童读物出版总印数变化较大，在2008年达到最大值，2010年、2013年与上年相比也有较大增长。如图7-14所示。

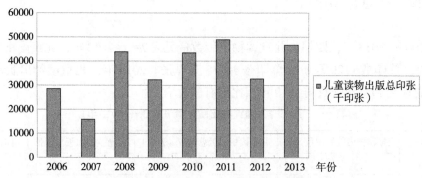

图7-14 2007—2013年历年四川省儿童读物出版总印数

2006—2013年，儿童读物出版总印张数在2011年达到最大值，2012年有较大下降，2013年与2012年相比增长14062千印张。如图7-15所示。

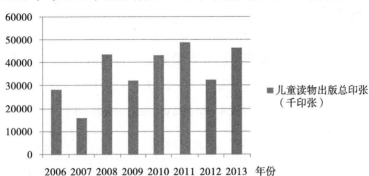

图7-15　四川省儿童读物出版总印张数

2007年，儿童出版物种数增长率变化较大，在2008年增长63.3%，在2013年增长37.2%。总印数在2008年增长186.3%，在2013年增长83.3%。总印张数在2008年增长175.3%，在2013年增长43.2%。如表7-8、图7-16所示。

表7-8　四川省儿童读物出版增长率（2007—2013年）

年份	出版品种数增长率（%）	总印数增长率（%）	总印张数增长率（%）
2007	−22.8	−51.4	−44.3
2008	63.3	186.3	175.3
2009	−14.7	−34.5	−25.9
2010	25.9	50.7	34.3
2011	1.4	−29.9	12.6
2012	−15.6	−42.0	−33.4
2013	37.2	83.3	43.2

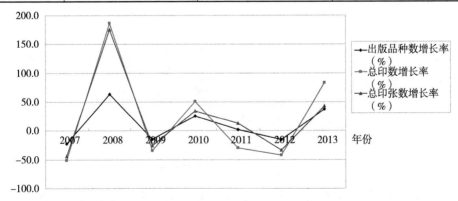

图7-16　2007—2013年历年四川省儿童读物出版增长率

五、课本出版

2006—2013年，四川省课本出版数量见表7-9。2013年，课本出版品种数1772种，课本出版总印数9976万册，总印张786711千印张。

表7-9 四川省课本出版数量（2006—2013年）

年份	课本出版品种数（种）	课本出版总印数（万册）	课本出版总印张（千印张）
2006年	988	11956	960700
2007年	662	11201	793494
2008年	1220	13118	1011313
2009年	785	10406	849356
2010年	1003	11070	901675
2011年	1158	12130	966869
2012年	1670	10358	835511
2013年	1772	9976	786711

数据来源：国家统计局网站

2006—2013年，课本出版品种数有较大波动，整体上呈上升趋势。如图7-17所示。

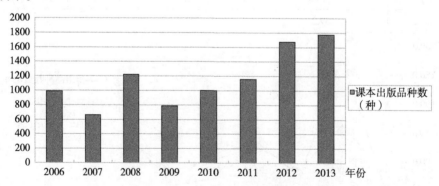

图7-17 2006—2013年历年四川省课本出版品种数

2006—2013年，课本出版总印数2008年达到最大值，在2012年、2013年呈现下降趋势。如图7-18所示。

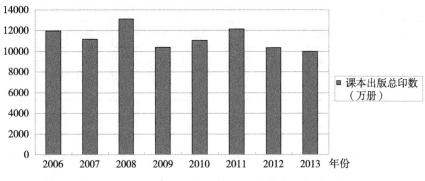

图7-18 2006—2013年历年四川省课本出版总印数

2006—2013年，课本出版总印张数变化与总印数变化趋势相似，在2012年、2013年呈下降趋势。如图7-19所示。

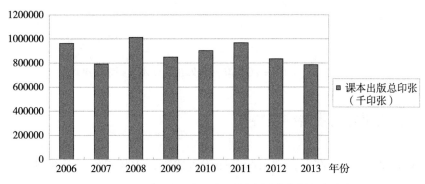

图7-19 2006—2013年历年四川省课本出版总印张数

2007—2013年，课本出版品种数增长率变化幅度较大，最高值为2008年的84.3%，最低值为2009年的-35.7%。总印数增长率和总印张数增长率在2012年、2013年为负值。如表7-10、图7-20所示。

表7-10 四川省课本出版增长率（2007—2013年）

年份	出版品种数增长率（%）	总印数增长率（%）	总印张数增长率（%）
2007	−33.0	−6.3	−17.4
2008	84.3	17.1	27.5
2009	−35.7	−20.7	−16.0
2010	27.8	6.4	6.2
2011	15.5	9.6	7.2

续表

年份	出版品种数增长率（%）	总印数增长率（%）	总印张数增长率（%）
2012	44.2	−14.6	−13.6
2013	6.1	−3.7	−5.8

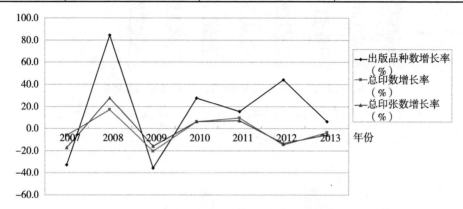

图7-20　2007—2013年历年四川省课本出版增长率

六、四川省出版结构及特点

2006—2013年，在书报刊出版总印张构成中，占比最大的是报纸，占书报刊出版总印张的75%以上，图书出版总印张和期刊出版总印张合计占书报刊出版总印张的20%左右。如表7-11、图7-21所示。

表7-11　四川省书报刊出版结构（2006—2013年）

年份	图书出版总印张占比（%）	期刊出版总印张占比（%）	报纸出版总印张占比（%）
2006	16.7	6.7	76.6
2007	16.4	9.0	74.6
2008	14.9	7.3	77.7
2009	13.7	6.7	79.6
2010	12.1	6.2	81.8
2011	14.2	5.3	80.5

续表

年份	图书出版总印张占比 (%)	期刊出版总印张占比 (%)	报纸出版总印张占比 (%)
2012	16.0	5.9	78.2
2013	17.4	5.1	77.5

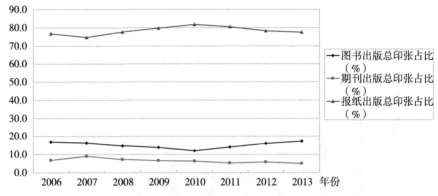

图7-21　2006—2013年历年四川省书报刊出版总印张构成

2006—2013年，图书出版中新出版品种占比先下降后上升，在2013年为57.8%。平均印数和平均印张数呈下降趋势，在2013年平均印数2.7万册，平均印张数21.9万印张，平均印数和平均印张数均与2006年相比有所下降。如表7-12、图7-22、图7-23所示。

表7-12　四川省图书出版平均指标（2006—2013年）

年份	新出版品种占比（%）	平均印数（万册）	平均印张数（万印张）
2006	63.0	4.1	30.8
2007	64.3	3.9	27.1
2008	55.7	3.4	25.4
2009	57.5	2.7	20.2
2010	51.1	2.9	22.1
2011	48.9	3.1	22.2
2012	54.3	3.1	22.7
2013	57.8	2.7	21.9

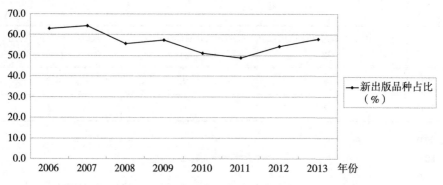

图7-22 2006—2013年历年四川省图书出版新出版品种占比

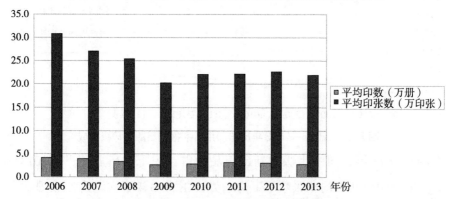

图7-23 2006—2013年历年四川省图书出版平均印数和平均印张数

2006—2013年，四川省儿童读物出版占比有所波动，总印张占比最高值为2008年的8%。课本出版品种数占比为2008年最高，为21.5%，总印数占比69%。如表7-13、图7-24、图7-25所示。

表7-13 四川省儿童读物和课本出版占比（2006—2013年）

年份	儿童读物出版品种数占比（%）	儿童读物出版总印数占比（%）	课本出版品种数占比（%）	课本出版总印数占比（%）
2006	11.5	5.5	20.3	59.8
2007	8.5	2.7	13.0	56.0
2008	12.5	8.0	21.5	69.0
2009	9.0	5.5	11.7	57.8
2010	11.4	7.9	15.1	58.3
2011	9.5	4.2	14.3	48.5
2012	8.3	2.5	21.4	43.2

续表

年份	儿童读物出版品种数占比（%）	儿童读物出版总印数占比（%）	课本出版品种数占比（%）	课本出版总印数占比（%）
2013	10.4	4.9	20.7	43.4

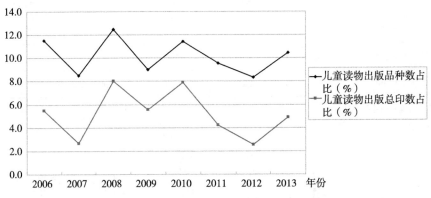

图7-24　2006—2013年历年四川省儿童读物出版占比

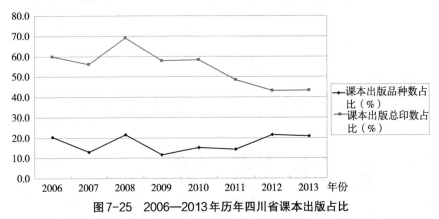

图7-25　2006—2013年历年四川省课本出版占比

七、四川省出版物发行

2006—2013年，四川省出版物发行机构及人员统计见表7-14。2013年，四川省有出版物发行机构10496处，其中国有书店及国有发行网点217处，新华书店系统外批发网点238处，集体、个体零售网点6840处。新华书店系统出版社自办发行从业人员9024人，国有书店及国有发行网点从业人员9024人。如图7-26、图7-27所示。

表7-14　四川省出版物发行机构和人员（2010—2013年）

年份	出版物发行机构数（处）	国有书店及国有发行网点数（处）	新华书店系统外批发网点数（处）	集体、个体零售网点数（处）	新华书店系统出版社自办发行从业人数（人）	国有书店及国有发行网点从业人数（人）
2010	9370	240	186	5600	8068	7762
2011	9820	242	224	5964	8511	8511
2012	10565	214	240	6840	8600	9370
2013	10496	217	238	6840	9024	9024

资料来源：国家统计局

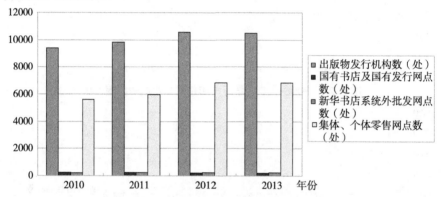

图7-26　2010—2013年历年四川省出版物发行机构数

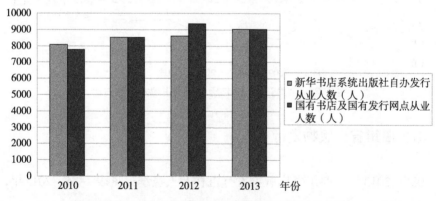

图7-27　2010—2013年历年四川省发行从业人数

2011—2013年，出版物发行机构数增长率在2013年为负值，国有书店及国有发行点数在2012年下降，新华书店系统外批发网点数在2013略有下降，集体、个体零售网点数有所增长，新华书店系统出版社自办发行从业人数有所增长，国有书店及国有发行点从业人数在2013年为负增长。如表7-15、图7-28、图7-29所示。

表7-15　四川省出版物发行机构和人员增长率（2011—2013年）

年份	出版物发行机构数增长率（%）	国有书店及国有发行网点数增长率（%）	新华书店系统外批发网点数增长率（%）	集体、个体零售网点数增长率（%）	新华书店系统出版社自办发行从业人数增长率（%）	国有书店及国有发行网点从业人数增长率（%）
2011	4.8	0.8	20.4	6.5	5.5	9.6
2012	7.6	−11.6	7.1	14.7	1.0	10.1
2013	−0.7	1.4	−0.8	0.0	4.9	−3.7

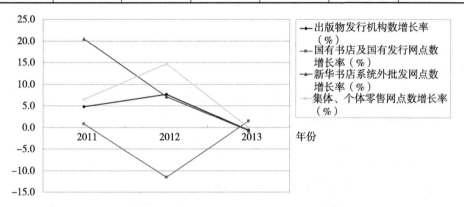

图7-28　2011—2013年历年四川省出版物发行机构数增长率

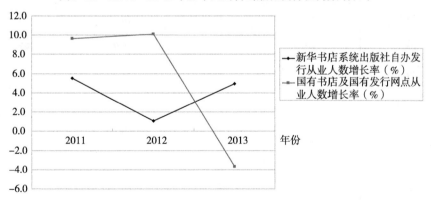

图7-29　2011—2013年历年四川省发行从业人数增长率

第八章 贵州省出版业发展状况分析

一、图书出版

截至2013年，贵州省共有出版单位10家，其中图书出版单位6家，音像出版单位2家，电子出版物出版单位2家。

2006—2013年，贵州省图书出版数量见表8-1。2013年，贵州省出版图书894种，其中新出版品种667种，总印数0.6亿册，总印张数4.4亿印张。

表8-1 贵州省图书出版数量（2006—2013年）

年份	出版品种数 （种）	新出版品种数 （种）	总印数 （亿册）	总印张数 （亿印张）
2006	996	584	0.9	5.8
2007	861	502	0.9	4.7
2008	1021	552	1.0	5.9
2009	943	500	0.9	5.7
2010	823	642	0.8	5.6
2011	856	545	0.8	5.7
2012	966	575	0.7	4.8
2013	894	667	0.6	4.4

数据来源：国家统计局网站

2006—2013年，图书出版品种数有所波动，在2008年达到1021种，在2010

年下降到823种，在2010年有所增加。新出版品种数在波动中有所增加，在2013年达到了最高点。如图8-1所示。

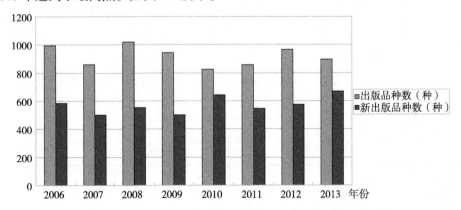

图8-1 2006—2013年历年贵州省图书出版品种数和新出版品种数

2006—2013年，图书出版总印数整体上下降，在2008年达到最高点，随后逐年下降，总印张数具有相似的下降趋势。如图8-2所示。

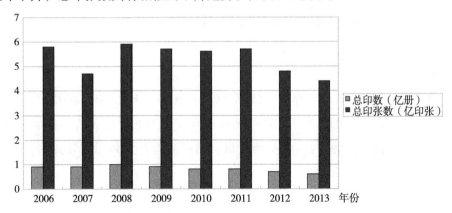

图8-2 2006—2013年历年贵州省图书出版总印数和总印张数

2007—2013年，图书出版品种数增长率有一定变化，在2008年为18.6%，在2007年低至-13.6%。新出版品种增长率在2010年为28.4%，在2011年低至-15.1%。如表8-2、图8-3所示。

表8-2 贵州省图书出版增长率（2007—2013年）

年份	出版品种数增长率（%）	新出版品种数增长率（%）	总印数增长率（%）	总印张数增长率（%）
2007	-13.6	-14.0	0.0	-19.0

续表

年份	出版品种数增长率（%）	新出版品种数增长率（%）	总印数增长率（%）	总印张数增长率（%）
2008	18.6	10.0	11.1	25.5
2009	−7.6	−9.4	−10.0	−3.4
2010	−12.7	28.4	−11.1	−1.8
2011	4.0	−15.1	0.0	1.8
2012	12.9	5.5	−12.5	−15.8
2013	−7.5	16.0	−14.3	−8.3

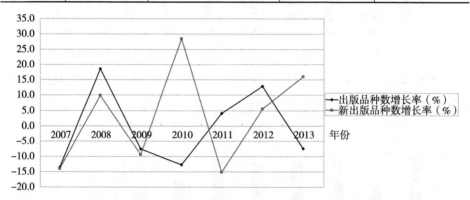

图8-3　2007—2013年历年贵州省图书出版品种数增长率和新出版品种数增长率

2007—2013年，图书出版总印数增长率只有在2008年为正值，总印张数增长率多数为负值，2008年高达25.5%，增长率最低值为2009年的−19%。如图8-4所示。

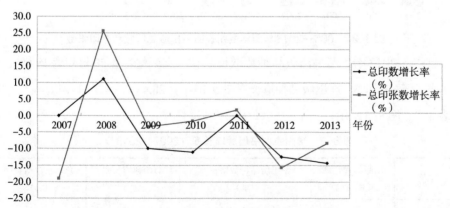

图8-4　2007—2013年历年贵州省图书出版总印数增长率和总印张数增长率

二、期刊出版

2006—2013年，贵州省期刊出版数量见表8-3。2013年，贵州省共出版期刊88种，每期平均印数84.5万册，总印数0.2亿册，总印张数0.8亿印张。

表8-3 贵州省期刊出版数量（2006—2013年）

年份	出版品种数（种）	每期平均印数（万册、万份）	总印数（亿册）	总印张数（亿印张）
2006	89	89.0	0.1	0.8
2007	89	91.0	0.1	0.8
2008	89	98.0	0.1	0.8
2009	89	93.0	0.1	0.9
2010	89	85.0	0.1	0.7
2011	88	78.1	0.1	0.7
2012	88	86.4	0.1	0.7
2013	88	84.5	0.2	0.8

数据来源：国家统计局网站

2006—2013年，期刊出版品种数变化不大。2006年为89种，2013年为88种。每期平均印数在波动中有所下降，2013年低于2006年的水平。如图8-5所示。

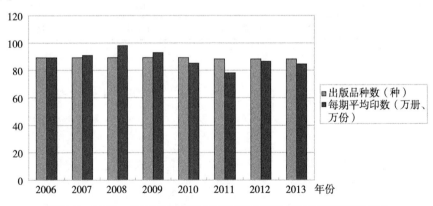

图8-5 2006—2013年历年贵州省期刊出版品种数和每期平均印数

2006—2012年，期刊出版总印数保持不变，2013年比2012年增长1倍，总印张数有所波动，到2013年恢复到2008年的水平。如图8-6所示。

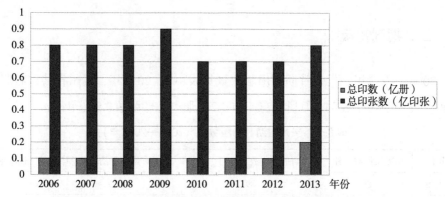

图8-6 2006—2013年历年贵州省图书出版总印数和总印张数

2007—2013年，期刊出版品种数增长率在2011年为-1.1%，其余各年均为0，每期平均印数增长率有一定变化。如表8-4、图8-7所示。

表8-4 贵州省期刊出版增长率（2007—2013年）

年份	出版品种数增长率（%）	每期平均印数增长率（%）	总印数增长率（%）	总印张数增长率（%）
2007	0.0	2.2	0.0	0.0
2008	0.0	7.7	0.0	0.0
2009	0.0	−5.1	0.0	12.5
2010	0.0	−8.6	0.0	−22.2
2011	−1.1	−8.1	0.0	0.0
2012	0.0	10.6	0.0	0.0
2013	0.0	−2.2	100.0	14.3

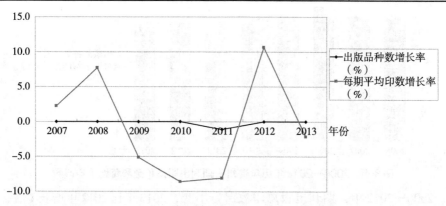

图8-7 2007—2013年历年贵州省期刊出版品种数增长率和每期平均印数增长率

2007—2013年，总印数在2013年增长100%，在其余各年均为0，总印张数增长率在2010年为负值，在其余各年为正值或0。如图8-8所示。

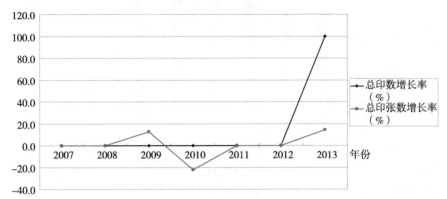

图8-8　2007—2013年历年贵州省期刊出版总印数增长率和总印张数增长率

三、报纸出版

2006—2013年，贵州省报纸出版数量见表8-5。2013年，贵州省出版报纸31种，每期平均印数150.3万份，总印数3.9亿份，总印张数16.2亿印张。

表8-5　贵州省报纸出版数量（2006—2013年）

年份	出版品种数（种）	每期平均印数（万份）	总印数（亿份）	总印张数（亿印张）
2006	31	123.2	3.2	11.6
2007	31	107.3	2.6	8.4
2008	31	133.6	3.5	13.9
2009	31	143.7	3.6	13.1
2010	31	158.0	3.7	14.6
2011	31	174.8	4.5	20.1
2012	31	164.2	4.2	17.8
2013	31	150.3	3.9	16.2

数据来源：国家统计局网站

2006—2013年，报纸出版品种数没有变化。每期平均印数先升后降，在2011年达到最高值，随后逐年下降。如图8-9所示。

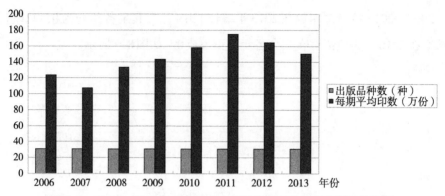

图8-9　2006—2013年历年贵州省报纸出版品种数和每期平均印数

2006—2013年，报纸出版总印数和总印张数呈先上升后下降趋势，在2011年达到最高值，随后开始下降。如图8-10所示。

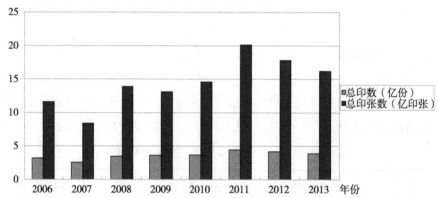

图8-10　2006—2013年历年贵州省报纸出版总印数和总印张数

2007—2013年，报纸出版品种数增长率为0，每期平均印数增长率变化较大，在2008年达到最高值，为24.5%，在2007年、2012年、2013年均为负增长。如表8-6、图8-11所示。

表8-6　贵州省报纸出版增长率（2007—2013年）

年份	出版品种数增长率（%）	每期平均印数增长率（%）	总印数增长率（%）	总印张数增长率（%）
2007	0.0	−12.9	−18.8	−27.6
2008	0.0	24.5	34.6	65.5
2009	0.0	7.6	2.9	−5.8
2010	0.0	10.0	2.8	11.5
2011	0.0	10.6	21.6	37.7
2012	0.0	−6.1	−6.7	−11.4
2013	0.0	−8.5	−7.1	−9.0

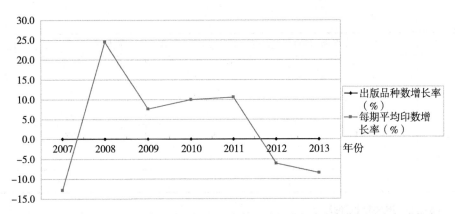

图8-11 2007—2013年历年贵州省报纸出版品种数增长率和每期平均印数增长率

2007—2013年，报纸出版总印数和总印张数增长率在2008年达到最高值，在2009年下降，2011年又达到新的高值，之后两年为负增长。如图8-12所示。

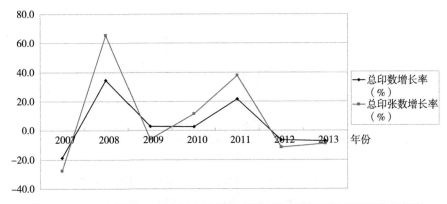

图8-12 2007—2013年历年贵州省报纸出版总印数增长率和总印张数增长率

四、儿童读物出版

2006—2013年，贵州省儿童出版读物数量见表8-7。2013年，儿童读物出版95种，总印数224万册，总印张6654千印张。2013年，儿童读物出版品种数、总印数和总印张数与2012年相比均有大幅下降。

表8-7 贵州省儿童读物出版数量（2006—2013年）

年份	儿童读物出版品种数（种）	儿童读物出版总印数（万册）	儿童读物出版总印张（千印张）
2006	5	2	33
2007	1	1	25

续表

年份	儿童读物出版品种数（种）	儿童读物出版总印数（万册）	儿童读物出版总印张（千印张）
2008	1	1	159
2009	17	6	618
2010	60	64	2806
2011	17	55	2600
2012	113	319	10920
2013	95	224	6654

数据来源：国家统计局网站

　　2006—2013 年，儿童读物出版品种数变化较大，在 2012 年为 113 种，在 2013 年下降到 95 种，在 2007 年、2008 年只有 1 种。如图 8-13 所示。

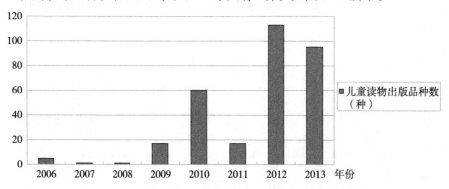

图8-13　2006—2013年历年贵州省儿童读物出版品种数

　　2006—2013 年，儿童读物出版总印数变化较大，在 2012 年为 319 万册，在 2013 年为 224 万册，2007 年、2008 年只有 1 万册。如图 8-14 所示。

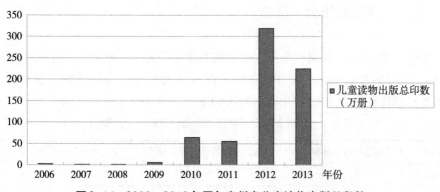

图8-14　2006—2013年历年贵州省儿童读物出版总印数

2006—2013年，儿童读物出版总印张数2012年高达10920千印张，2013年与2012年相比有大幅下降。如图8-15所示。

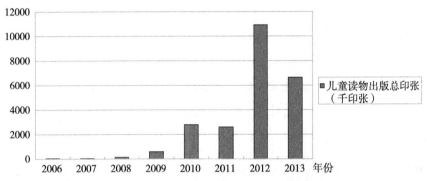

图8-15 2006—2013年历年贵州省儿童读物出版总印张数

2007—2013年，出版品种数增长率变化较大，在2009年增长1600%，在2007年下降80%。总印数在2010年增长966.7%，在2007年下降50%。总印张数在2008年增长536%，在2013年下降39.1%。如表8-8、图8-16所示。

表8-8 贵州省儿童读物出版增长率（2007—2013年）

年份	出版品种数增长率（%）	总印数增长率（%）	总印张数增长率（%）
2007	−80.0	−50.0	−24.2
2008	0.0	0.0	536.0
2009	1600.0	500.0	288.7
2010	252.9	966.7	354.0
2011	−71.7	−14.1	−7.3
2012	564.7	480.0	320.0
2013	−15.9	−29.8	−39.1

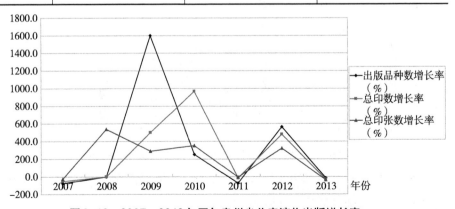

图8-16 2007—2013年历年贵州省儿童读物出版增长率

五、课本出版

2006—2013年，贵州省课本出版数量见表8-9。2013年，课本出版品种数84种，课本出版总印数4468万册，总印张313514千印张。

表8-9 贵州省课本出版数量（2006—2013年）

年份	课本出版品种数（种）	课本出版总印数（万册）	课本出版总印张（千印张）
2006	102	6728	462614
2007	117	6119	388030
2008	93	6288	438622
2009	165	7132	465230
2010	90	6341	453493
2011	96	6557	459043
2012	99	5697	397298
2013	84	4468	313514

数据来源：国家统计局网站

2006—2013年，课本出版品种数在2006-2013年经历有较大波动，在2009年达到最高值为165种，在2013下降到84种。如图8-17所示。

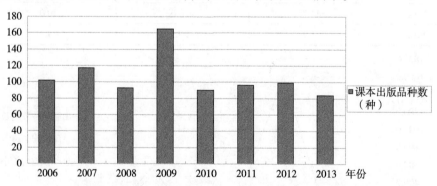

图8-17 2006—2013年历年贵州省课本出版品种数

2006—2013年，课本出版总印数总体上呈下降趋势，在2009年达到最高值，2013年下降到最低值。如图8-18所示。

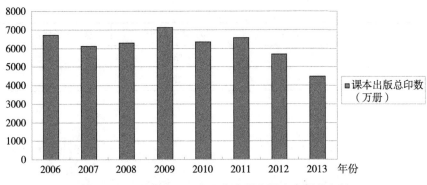

图8-18 2006—2013年历年贵州省课本出版总印数

在2006—2013年，课本出版总印张数变化与总印数变化趋势相似，在2009年为最高值，在2013年下降到最低值。如图8-19所示。

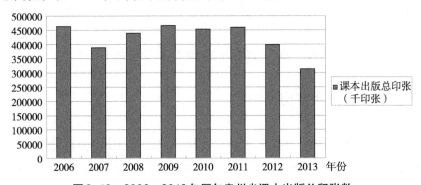

图8-19 2006—2013年历年贵州省课本出版总印张数

2007—2013年，课本出版品种数增长率变化幅度较大，最高值为2009年的77.4%，最低值为2010年的-45.5%。总印数增长率在2009年为13.4%，在2013年为-21.6%。总印张数增长率在2008年高达13%，在2013年低至-21.1%。如表8-10、图8-20所示。

表8-10 贵州省课本出版增长率（2007—2013年）

年份	出版品种数增长率（%）	总印数增长率（%）	总印张数增长率（%）
2007	14.7	-9.1	-16.1
2008	-20.5	2.8	13.0
2009	77.4	13.4	6.1
2010	-45.5	-11.1	-2.5
2011	6.7	3.4	1.2

续表

年份	出版品种数增长率（%）	总印数增长率（%）	总印张数增长率（%）
2012	3.1	−13.1	−13.5
2013	−15.2	−21.6	−21.1

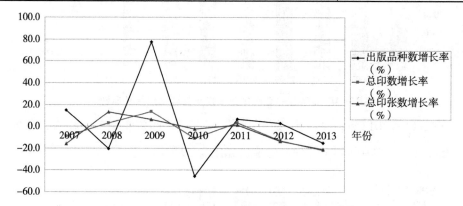

图8-20　2007—2013年历年贵州省课本出版增长率

六、贵州省出版结构及特点

2006—2013年，在书报刊出版总印张构成中，占比最大的是报纸，约占书报刊出版总印张的75%，图书出版总印张和期刊出版总印张合计约占书报刊出版总印张的25%左右。如表8-11、图8-21所示。

表8-11　贵州省书报刊出版结构（2006—2013年）

年份	图书出版总印张占比（%）	期刊出版总印张占比（%）	报纸出版总印张占比（%）
2006	31.9	4.4	63.7
2007	33.8	5.8	60.4
2008	28.6	3.9	67.5
2009	28.9	4.6	66.5
2010	26.8	3.3	69.9
2011	21.5	2.6	75.8
2012	20.6	3.0	76.4
2013	20.6	3.7	75.7

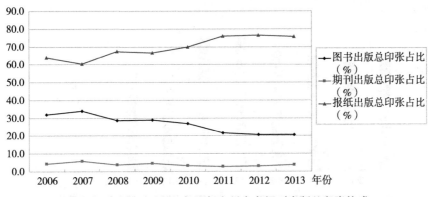

图8-21　2006—2013年历年贵州省书报刊出版总印张构成

2006—2013年，图书出版中新出版品种占比比较高，整体呈上升趋势，在2006年为58.6%，在2013年为74.6%。平均印数和平均印张数呈下降趋势，在2013年平均印数为6.7万册，平均印张数为49.2万印张，平均印数和平均印张数均与2006年相比均有所下降。如表8-12、图8-22、图8-23所示。

表8-12　贵州省图书出版平均指标（2006—2013年）

年份	新出版品种占比（%）	平均印数（万册）	平均印张数（万印张）
2006	58.6	9.0	58.2
2007	58.3	10.5	54.6
2008	54.1	9.8	57.8
2009	53.0	9.5	60.4
2010	78.0	9.7	68.0
2011	63.7	9.3	66.6
2012	59.5	7.2	49.7
2013	74.6	6.7	49.2

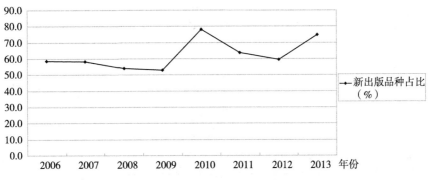

图8-22　2006—2013年历年贵州省图书出版新出版品种占比

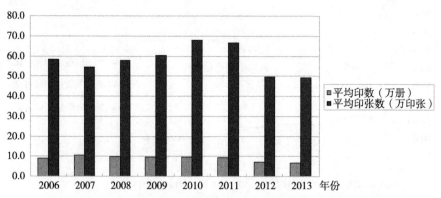

图8-23 2006—2013年历年贵州省图书出版平均印数和平均印张数

2006—2013年，贵州省儿童读物出版占比比较低，最高值为2012年，为11.7%，总印数占比最高的为2012年的4.6%。课本出版品种数占比在2009年高达17.5%，在2008年低至9.1%。课本出版总印数所占比重较大，在2011年高达82%，在2008年低至62.9%。如表8-13、图8-24、图8-25所示。

表8-13 贵州省儿童读物和课本出版占比（2006—2013年）

年份	儿童读物出版品种数占比（%）	儿童读物出版总印数占比（%）	课本出版品种数占比（%）	课本出版总印数占比（%）
2006	0.5	0.0	10.2	74.8
2007	0.1	0.0	13.6	68.0
2008	0.1	0.0	9.1	62.9
2009	1.8	0.1	17.5	79.2
2010	7.3	0.8	10.9	79.3
2011	2.0	0.7	11.2	82.0
2012	11.7	4.6	10.2	81.4
2013	10.6	3.7	9.4	74.5

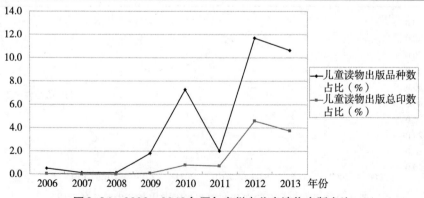

图8-24 2006—2013年历年贵州省儿童读物出版占比

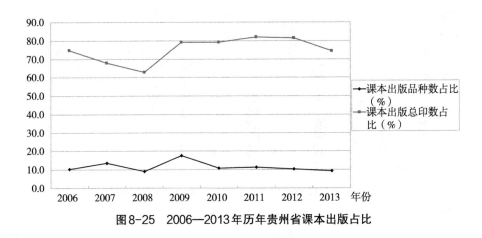

图8-25 2006—2013年历年贵州省课本出版占比

七、贵州省出版物发行

2010—2013年，贵州省出版物发行机构及人员统计见表8-14。2013年，贵州省有出版物发行机构3739处，其中国有书店及国有发行网点221处，新华书店系统外批发网点128处，集体、个体零售网点2511处。新华书店系统出版社自办发行从业人员2239人，国有书店及国有发行网点从业人员2116人。如图8-26、图8-27所示。

表8-14 贵州省出版物发行机构和人员（2010—2013年）

年份	出版物发行机构数（处）	国有书店及国有发行网点数（处）	新华书店系统外批发网点数（处）	集体、个体零售网点数（处）	新华书店系统出版社自办发行从业人数（人）	国有书店及国有发行网点从业人数（人）
2010	2862	313	134	1678	1812	1807
2011	3317	222	115	2305	1725	1684
2012	3736	221	132	2541	2234	1617
2013	3739	221	128	2511	2239	2116

资料来源：国家统计局

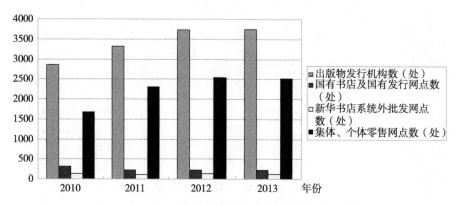

图8-26 2010—2013年历年贵州省出版物发行机构数

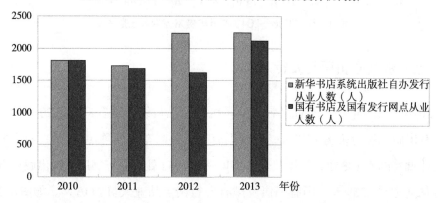

图8-27 2010—2013年历年2010—2013年历年贵州省发行从业人数

2011—2013年，出版物发行机构数增长均为正值，国有书店及国有发行点数在2011年大幅减少，新华书店系统外批发网点数在2011年、2013年均为负增长，集体、个体零售网点数在2013年负增长，新华书店系统出版社自办发行从业人数在2011年有所减少，国有书店及国有发行网点从业人数在2013年有较大增长。如表8-15、图8-28、图8-29所示。

表8-15 贵州省出版物发行机构和人员增长率（2011—2013年）

年份	出版物发行机构数增长率（%）	国有书店及国有发行网点数增长率（%）	新华书店系统外批发网点数增长率（%）	集体、个体零售网点数增长率（%）	新华书店系统出版社自办发行从业人数增长率（%）	国有书店及国有发行网点从业人数增长率（%）
2011	15.9	−29.1	−14.2	37.4	−4.8	−6.8
2012	12.6	−0.5	14.8	10.2	29.5	−4.0
2013	0.1	0.0	−3.0	−1.2	0.2	30.9

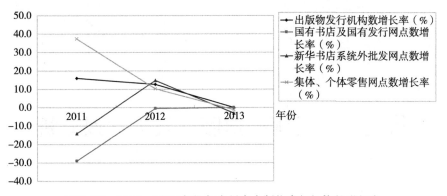

图8-28 2011—2013年历年贵州省出版物发行机构数增长率

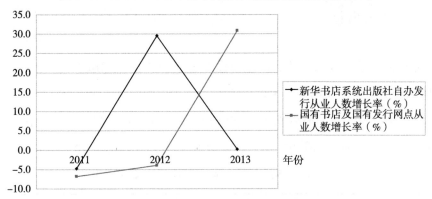

图8-29 2011—2013年历年贵州省发行从业人数增长率

第九章 云南省出版业发展状况分析

一、图书出版

截至2013年，云南省共有出版单位23家，其中图书出版单位8家，音像出版单位9家，电子出版物出版单位6家。

2006—2013年，云南省图书出版数量见表9-1。2013年，云南省出版图书7739种，其中新出版品种4232种，总印数1.7亿册，总印张数13.5亿印张。

表9-1 云南省图书出版数量（2006—2013年）

年份	出版品种数 （种）	新出版品种数 （种）	总印数 （亿册）	总印张数 （亿印张）
2006	2426	1331	1.7	11.3
2007	3117	1514	1.6	9.2
2008	2508	1366	1.7	8.8
2009	3541	2197	1.7	9.6
2010	4598	2746	1.5	9.7
2011	6110	3966	1.7	11.8
2012	7901	5430	1.7	12.8
2013	7739	4232	1.7	13.5

数据来源：国家统计局网站

2006—2013年，图书出版品种数有所波动，整体上有所增加，新出版品种数也是如此。如图9-1所示。

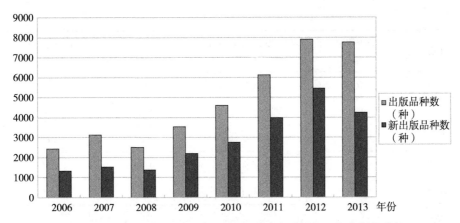

图9-1　2006—2013年历年云南省图书出版品种数和新出版品种数

2006—2013年，图书出版总印数有一定变化但变化不大，总印张数呈现先下降后上升的趋势。如图9-2所示。

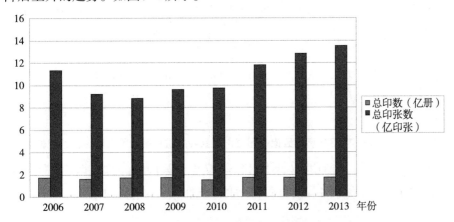

图9-2　2006—2013年历年云南省图书出版总印数和总印张数

2007—2013年，图书出版品种数增长率有一定变化，在2008年、2013年增长率为负值，新出版品种增长率与品种数增长率变化趋势相似。如表9-2、图9-3所示。

表9-2　云南省图书出版增长率（2007—2013年）

年份	出版品种数增长率（%）	新出版品种数增长率（%）	总印数增长率（%）	总印张数增长率（%）
2007	28.5	13.7	−5.9	−18.6
2008	−19.5	−9.8	6.2	−4.3

续表

年份	出版品种数增长率（%）	新出版品种数增长率（%）	总印数增长率（%）	总印张数增长率（%）
2009	41.2	60.8	0.0	9.1
2010	29.9	25.0	−11.8	1.0
2011	32.9	44.4	13.3	21.6
2012	29.3	36.9	0.0	8.5
2013	−2.1	−22.1	0.0	5.5

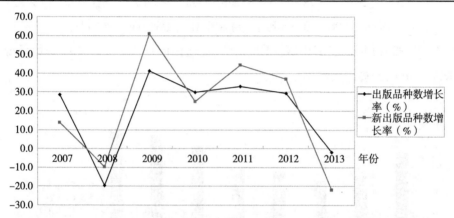

图9-3　2007—2013年历年云南省图书出版品种数增长率和新出版品种数增长率

2007—2013年，图书出版总印数在2007年、2010年为负增长，总印张数在2007年、2008年为负增长，其余年份增长率为正值。如图9-4所示。

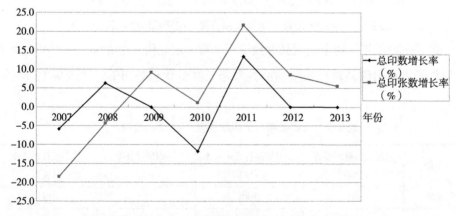

图9-4　2007—2013年历年云南省图书出版总印数增长率和总印张数增长率

二、期刊出版

2006—2013年，云南省期刊出版数量见表9-3。2013年，云南省共出版期刊128种，每期平均印数235.5万册，总印数0.4亿册，总印张数2.5亿印张。

表9-3　云南省期刊出版数量（2006—2013年）

年份	出版品种数（种）	每期平均印数（万册、万份）	总印数（亿册）	总印张数（亿印张）
2006	126	192.0	0.3	1.4
2007	126	201.0	0.3	1.4
2008	126	214.0	0.3	1.5
2009	127	215.0	0.3	1.5
2010	127	239.0	0.4	1.9
2011	128	224.6	0.3	2.2
2012	127	222.3	0.4	2.4
2013	128	235.5	0.4	2.5

数据来源：国家统计局网站

2006—2013年，期刊出版品种数变化不大。每期平均印数呈整体上升趋势，2013年比2006年增加43.5万册。如图9-5所示。

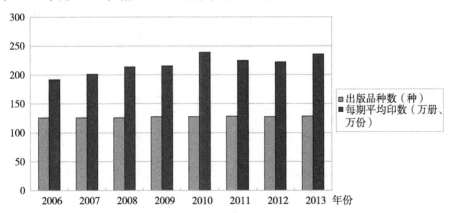

图9-5　2006—2013年历年云南省期刊出版品种数和每期平均印数

2006—2010年，期刊出版总印数变化不大，总印张数有较大增加。如图9-6所示。

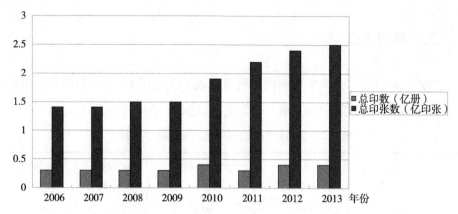

图9-6　2006—2013年历年云南省图书出版总印数和总印张数

2006—2013年，期刊出版品种数增长率变化不大，每期平均印数增长率有一定变化。如表9-4、图9-7所示。

表9-4　云南省期刊出版增长率（2007—2013年）

年份	出版品种数增长率（%）	每期平均印数增长率（%）	总印数增长率（%）	总印张数增长率（%）
2007	0.0	4.7	0.0	0.0
2008	0.0	6.5	0.0	7.1
2009	0.8	0.5	0.0	0.0
2010	0.0	11.2	33.3	26.7
2011	0.8	−6.0	−25.0	15.8
2012	−0.8	−1.0	33.3	9.1
2013	0.8	5.9	0.0	4.2

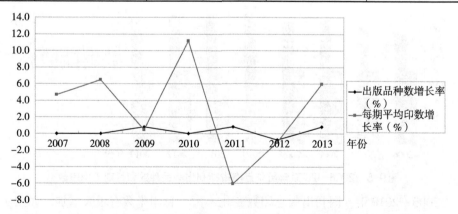

图9-7　2007—2013年历年云南省期刊出版品种数增长率和每期平均印数增长率

2006—2013年，总印数变化集中在2010—2012年，其余年份均保持不变。各年总印张数增长率均为0或者正值。如图9-8所示。

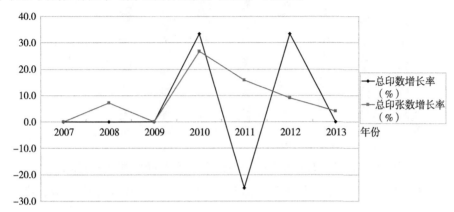

图9-8 2007—2013年历年云南省期刊出版总印数增长率和总印张数增长率

三、报纸出版

2006—2013年，云南省报纸出版数量见表9-5。2013年，云南省出版报纸42种，每期平均印数223.1万份，总印数6.5亿份，总印张数30.7亿印张。

表9-5 云南省报纸出版数量（206—2013年）

年份	出版品种数（种）	每期平均印数（万份）	总印数（亿份）	总印张数（亿印张）
2006	42	200.7	5.3	23.3
2007	42	216.5	5.6	29.6
2008	42	229.1	5.9	27.0
2009	43	236.0	6.4	29.8
2010	43	235.0	6.4	32.3
2011	43	238.9	6.5	37.4
2012	42	228.1	6.5	31.2
2013	42	223.1	6.5	30.7

数据来源：国家统计局网站

2006—2013年，报纸出版品种数基本保持不变。每期平均印数均有一定变化，在2010—2013年呈下降趋势。如图9-9所示。

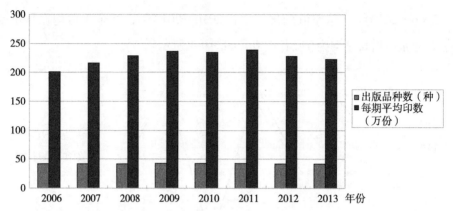

图9-9　2006—2013年历年云南省报纸出版品种数和每期平均印数

2006—2013年，报纸出版总印数逐渐增长，总印张数有所波动，在2012年、2013年有所下降。如图9-10所示。

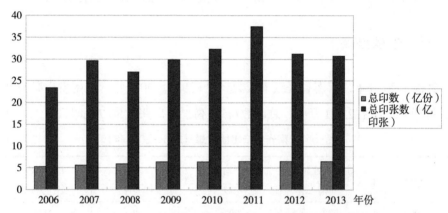

图9-10　2006—2013年历年云南省报纸出版总印数和总印张数

2007—2013年，报纸出版品种数基本保持不变，每期平均印数增长率有一定变化，在2010年、2012年增长率均为负值。如表9-6、图9-11所示。

表9-6　云南省报纸出版增长率（2007—2013年）

年份	出版品种数增长率（%）	每期平均印数增长率（%）	总印数增长率（%）	总印张数增长率（%）
2007	0.0	7.9	5.7	27.0
2008	0.0	5.8	5.4	−8.8
2009	2.4	3.0	8.5	10.4
2010	0.0	−0.4	0.0	8.4
2011	0.0	1.7	1.6	15.8

年份	出版品种数增长率（%）	每期平均印数增长率（%）	总印数增长率（%）	总印张数增长率（%）
2012	-2.3	-4.5	0.0	-16.6
2013	0.0	-2.2	0.0	-1.6

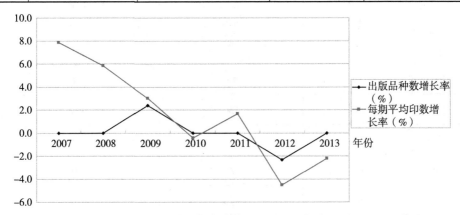

图9-11　2007—2013年历年云南省报纸出版品种数增长率和每期平均印数增长率

2007—2013年，报纸出版总印数增长率均为正值或0，总印张数增长率有较大变化。如图9-12所示。

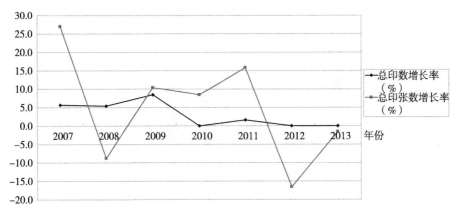

图9-12　2007—2013年历年云南省报纸出版总印数增长率和总印张数增长率

四、儿童读物出版

2006—2013年，云南省儿童读物出版数量见表9-7。2013年，儿童读物出版

78种，总印数57万册，总印张1947千印张。2013年，儿童读物出版品种数、总印数和总印张数比2012年均有大幅下降。如图9-13所示。

表9-7 云南省儿童读物出版数量（2006—2013年）

年份	儿童读物出版品种数 （种）	儿童读物出版总印数 （万册）	儿童读物出版总印张 （千印张）
2006	2	2	173
2007	10	13	1271
2008	130	166	4556
2009	50	34	1985
2010	60	97	5510
2011	92	118	4926
2012	92	215	5340
2013	78	57	1947

数据来源：国家统计局网站

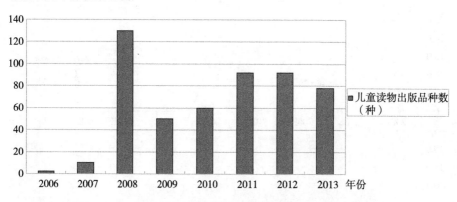

图9-13 2006—2013年历年云南省儿童读物出版品种数

2006—2013年，儿童读物出版总印数变化较大，在2012年达到最高值，为215万册，在2013年下降到57万册。如图9-14所示。

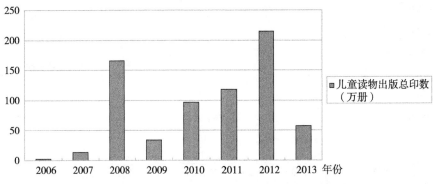

图9-14 2006—2013年历年云南省儿童读物出版总印数

2006—2013年，儿童读物出版总印张数在2010年为最高值，2013年与2012年相比有大幅下降。如图9-15所示。

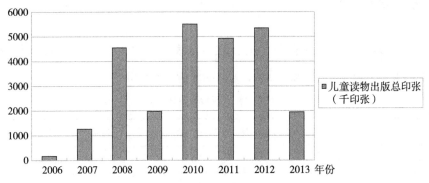

图9-15 2006—2013年历年云南省儿童读物出版总印张数

2007—2013年，出版品种数增长率变化较大，在2008年增长1200%，在2013年下降15.2%。总印数在2008年增长1176.9%，在2009年下降79.5%。总印张数在2007年增长634.7%，在2013年下降63.5%。如表9-8、图9-16所示。

表9-8 云南省儿童读物出版增长率（2007—2013年）

年份	出版品种数增长率（%）	总印数增长率（%）	总印张数增长率（%）
2007	400.0	550.0	634.7
2008	1200.0	1176.9	258.5
2009	−61.5	−79.5	−56.4
2010	20.0	185.3	177.6
2011	53.3	21.6	−10.6
2012	0.0	82.2	8.4
2013	−15.2	−73.5	−63.5

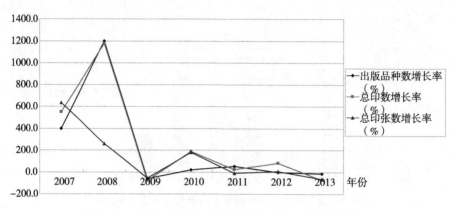

图9-16 2007—2013年历年云南省儿童读物出版增长率

五、课本出版

2006—2013年，云南省课本出版数量见表9-9。2013年，课本出版品种数169种，课本出版总印数7323万册，总印张487611千印张。

表9-9 云南省课本出版数量（2006—2013年）

年份	课本出版品种数（种）	课本出版总印数（万册）	课本出版总印张（千印张）
2006	265	13099	846596
2007	887	11710	679433
2008	288	9234	552037
2009	283	8575	560326
2010	252	7459	519745
2011	294	7509	514320
2012	213	7685	524372
2013	169	7323	487611

数据来源：国家统计局网站

2006—2013年，课本出版品种数在2006—2013年经历有较大波动，在2007年达到887种，在2013为169种。如图9-17所示。

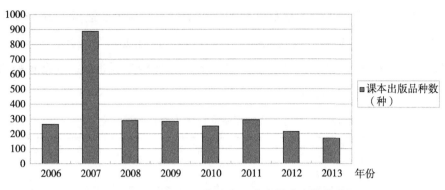

图9-17　2006—2013年历年云南省课本出版品种数

2006—2013年，课本出版总印数整体上呈下降趋势，2013年比2006年减少5776万册。如图9-18所示。

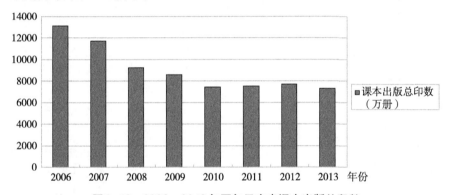

图9-18　2006—2013年历年云南省课本出版总印数

2006—2013年，课本出版总印张数变化与总印数变化趋势相似，整体呈下降趋势。如图9-19所示。

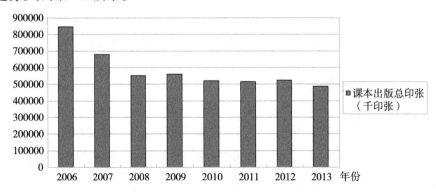

图9-19　2006—2013年历年云南省课本出版总印张数

2007—2013年，课本出版品种数增长率变化幅度较大，最高值为2007年的234.7%，最低值为2008年的-67.5%。总印数增长率在2011年、2012年为正值，其余年份均为负值。总印张数增长率在2009年、2012年为正值，其余年份均为负值。如表9-10、图9-20所示。

表9-10 云南省课本出版增长率（2007—2013年）

年份	出版品种数增长率（%）	总印数增长率（%）	总印张数增长率（%）
2007	234.7	-10.6	-19.7
2008	-67.5	-21.1	-18.8
2009	-1.7	-7.1	1.5
2010	-11.0	-13.0	-7.2
2011	16.7	0.7	-1.0
2012	-27.6	2.3	2.0
2013	-20.7	-4.7	-7.0

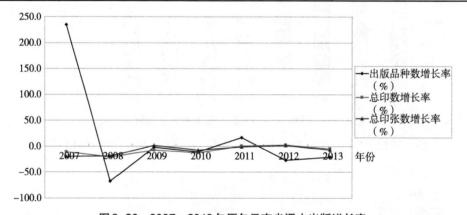

图9-20 2007—2013年历年云南省课本出版增长率

六、云南省出版结构及特点

2006—2013年，在书报刊出版总印张构成中，占比最大的是报纸，约占书报刊出版总印张的2/3，图书出版总印张和期刊出版总印张合计约占书报刊出版总印张的1/3。如表9-11、图9-21所示。

表9-11 云南省书报刊出版结构（2006—2013年）

年份	图书出版总印张占比（%）	期刊出版总印张占比（%）	报纸出版总印张占比（%）
2006	31.4	3.9	64.7
2007	22.9	3.5	73.6
2008	23.6	4.0	72.4
2009	23.5	3.7	72.9
2010	22.1	4.3	73.6
2011	23.0	4.3	72.8
2012	27.6	5.2	67.2
2013	28.9	5.4	65.7

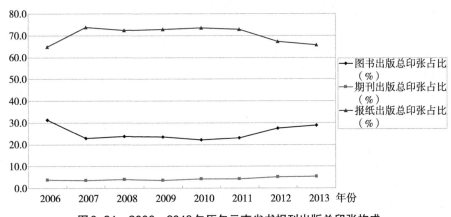

图9-21 2006—2013年历年云南省书报刊出版总印张构成

2006—2013年，图书出版中新出版品种占比比较高，在2012年高达68.7%。平均印数和平均印张数呈下降趋势，2013年平均印数2.2万册，平均印张数17.4万印张，平均印数和平均印张数与2006年相比均有所下降。如表9-12、图9-22、图9-23所示。

表9-12 云南省图书出版平均指标（2006—2013年）

年份	新出版品种占比（%）	平均印数（万册）	平均印张数（万印张）
2006	54.9	7.0	46.6
2007	48.6	5.1	29.5

续表

年份	新出版品种占比（%）	平均印数（万册）	平均印张数（万印张）
2008	54.5	6.8	35.1
2009	62.0	4.8	27.1
2010	59.7	3.3	21.1
2011	64.9	2.8	19.3
2012	68.7	2.2	16.2
2013	54.7	2.2	17.4

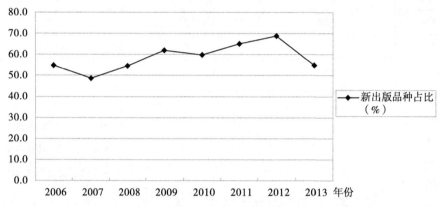

图9-22　2006—2013年历年云南省图书出版新出版品种占比

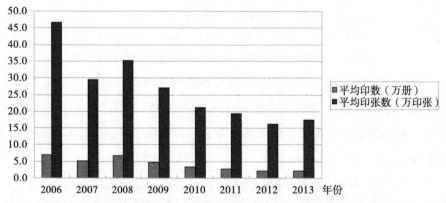

图9-23　2006—2013年历年云南省图书出版平均印数和平均印张数

2006—2013年，云南省儿童读物出版占比比较低，最高值为2008年的5.2%，总印张占比最高值为2012年的1.3%。课本出版品种数占比呈下降趋势，在2013年低至2.2%。课本出版总印数所占比重也呈下降趋势，但仍保持在较高的水平，在2013年占比43.1%。如表9-13、图9-24、图9-25所示。

表9-13　云南省儿童读物和课本出版占比（2006—2013年）

年份	儿童读物出版品种数占比（%）	儿童读物出版总印数占比（%）	课本出版品种数占比（%）	课本出版总印数占比（%）
2006	0.1	0.0	10.9	77.1
2007	0.3	0.1	28.5	73.2
2008	5.2	1.0	11.5	54.3
2009	1.4	0.2	8.0	50.4
2010	1.3	0.6	5.5	49.7
2011	1.5	0.7	4.8	44.2
2012	1.2	1.3	2.7	45.2
2013	1.0	0.3	2.2	43.1

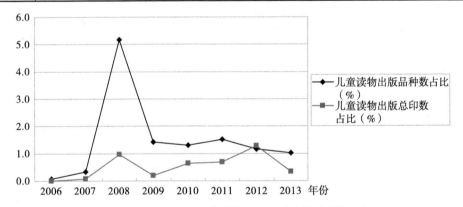

图9-24　2006—2013年历年云南省儿童读物出版占比

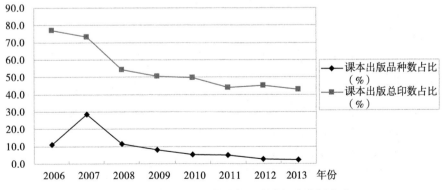

图9-25　2006—2013年历年云南省课本出版占比

七、云南省出版物发行

2010—2013年，云南省出版物发行机构及人员统计见表9-14。2013年，云南省有出版物发行机构8929处，其中国有书店及国有发行网点253处，新华书店系统外批发网点120处，集体、个体零售网点6735处。新华书店系统出版社自办发行从业人员3534人，国有书店及国有发行网点从业人员3518人。如图9-26、图9-27所示。

表9-14　云南省出版物发行机构和人员（2010—2013年）

年份	出版物发行机构数（处）	国有书店及国有发行网点数（处）	新华书店系统外批发网点数（处）	集体、个体零售网点数（处）	新华书店系统出版社自办发行从业人数（人）	国有书店及国有发行网点从业人数（人）
2010	11726	306	93	9586	5757	5749
2011	11020	309	121	8847	5695	5684
2012	8769	241	121	6587	3616	3591
2013	8929	253	120	6735	3534	3518

资料来源：国家统计局

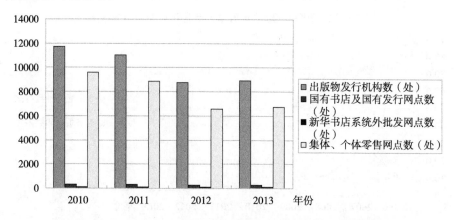

图9-26　2010—2013年历年云南省出版物发行机构数

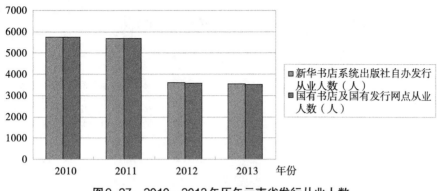

图9-27　2010—2013年历年云南省发行从业人数

2011—2013年，出版物发行机构数增长率在2013年为正值，在2011年和2012年均为负值，国有书店及国有发行网点数在2012年下降，新华书店系统外批发网点数在2011年大幅增长，集体、个体零售网点数在2011年、2012年连续下降，新华书店系统出版社自办发行从业人数连续下降，国有书店及国有发行网点从业人数连续下降。如表9-15、图9-28、图9-29所示。

表9-15　云南省出版物发行机构和人员增长率（2011—2013年）

年份	出版物发行机构数增长率（%）	国有书店及国有发行网点数增长率（%）	新华书店系统外批发网点数增长率（%）	集体、个体零售网点数增长率（%）	新华书店系统出版社自办发行从业人数增长率（%）	国有书店及国有发行网点从业人数增长率（%）
2011	−6.0	1.0	30.1	−7.7	−1.1	−1.1
2012	−20.4	−22.0	0.0	−25.5	−36.5	−36.8
2013	1.8	5.0	−0.8	2.2	−2.3	−2.0

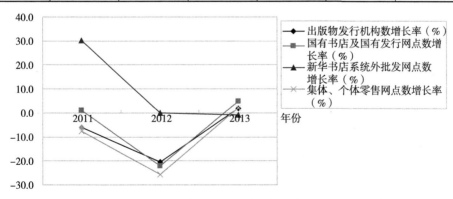

图9-28　2011—2013年历年云南省出版物发行机构数增长率

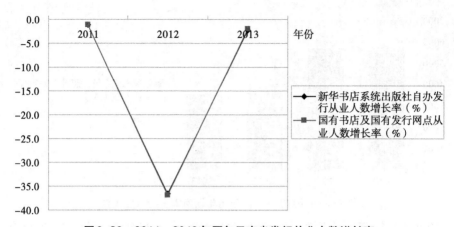

图9-29 2011—2013年历年云南省发行从业人数增长率

第十章 西藏自治区出版业发展状况分析

一、图书出版

截至2013年，西藏自治区共有出版单位5家，其中图书出版单位2家，音像出版单位2家，电子出版物出版单位1家。

2006—2013年，西藏自治区图书出版数量见表10-1。2013年，西藏自治区出版图书658种，其中新出版品种246种，总印数0.1亿册，总印张数0.8亿印张。

表10-1 西藏自治区图书出版数量（2006—2013年）

年份	出版品种数 （种）	新出版品种数 （种）	总印数 （亿册）	总印张数 （亿印张）
2006	235	100	0.1	0.7
2007	371	172	0.1	0.8
2008	471	143	0.1	0.9
2009	329	131	0.1	0.5
2010	570	182	0.1	0.9
2011	701	163	0.2	1.1
2012	546	259	0.1	1.1
2013	658	246	0.1	0.8

数据来源：国家统计局网站

2006—2013年，图书出版品种数有所波动，在2011年达到最大值，新出版品种数在2012年达到最大值，为259种。如图10-1所示。

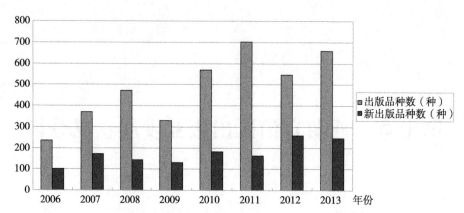

图10-1 2006—2013年历年西藏自治区图书出版品种数和新出版品种数

2006—2013年，图书出版总印数除2011年外各年均保持相等规模，总印张数具有一定的波动。如图10-2所示。

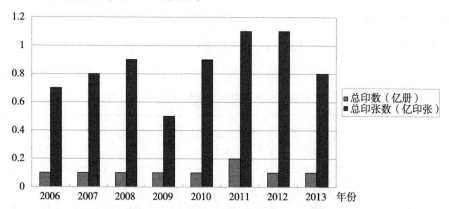

图10-2 2006—2013年历年西藏自治区图书出版总印数和总印张数

2007—2013年，图书出版品种数增长率有一定变化，在2010年达到最高值，为73.3%，在2009年降至最低值，为-30.1%。新出版品种增长率在2012年最高，为58.9%，在2008年低至-16.9%。如表10-2、图10-3所示。

表10-2 西藏自治区图书出版增长率（2007—2013年）

年份	出版品种数增长率（%）	新出版品种数增长率（%）	总印数增长率（%）	总印张数增长率（%）
2007	57.9	72.0	0.0	14.3
2008	27.0	-16.9	0.0	12.5
2009	-30.1	-8.4	0.0	-44.4
2010	73.3	38.9	0.0	80.0

续表

年份	出版品种数增长率（%）	新出版品种数增长率（%）	总印数增长率（%）	总印张数增长率（%）
2011	23.0	−10.4	100.0	22.2
2012	−22.1	58.9	−50.0	0.0
2013	20.5	−5.0	0.0	−27.3

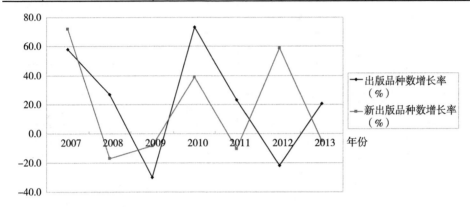

图 10-3　2007—2013年历年西藏自治区图书出版品种数增长率和新出版品种数增长率

2007—2013年，图书出版总印数在2011年大幅增长，2012年又回落到2010年的水平。总印张数2009年、2013年为负增长。如图10-4所示。

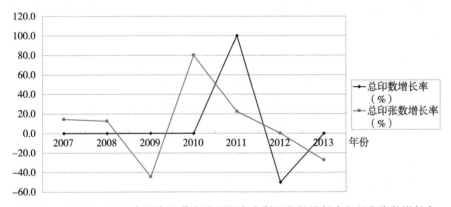

图 10-4　2007—2013年历年西藏自治区图书出版总印数增长率和总印张数增长率

二、期刊出版

2006—2013年，西藏自治区期刊出版数量见表10-3。2013年，西藏自治区共出版期刊35种，每期平均印数17万册，总印张数0.1亿印张。

表 10-3　西藏自治区期刊出版数量（2006—2013年）

年份	出版品种数（种）	每期平均印数（万册、万份）	总印张数（亿印张）
2006	34	14.0	0.1
2007	34	18.0	0.1
2008	35	16.0	0.1
2009	36	14.0	0.1
2010	36	16.0	0.1
2011	35	15.8	0.1
2012	35	15.7	0.1
2013	35	17.0	0.1

数据来源：国家统计局网站

　　2006—2013年，期刊出版品种数变化不大，每期平均印数略有变化。如图10-5所示。

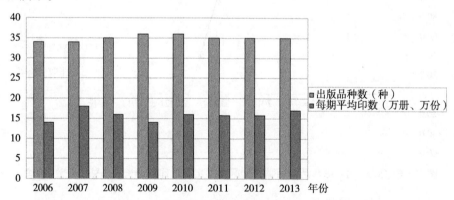

图 10-5　2006—2013年历年西藏自治区期刊出版品种数和每期平均印数

　　2006—2010年，期刊出版总印张数保持不变。如图10-6所示。

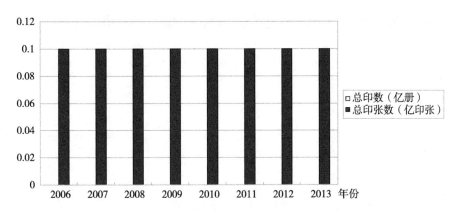

图10-6 2006—2013年历年西藏自治区图书出版总印数和总印张数

2006—2013年，期刊出版品种数增长率变化不大，每期平均印数增长率变化较大，在2007年、2013年增长率为正值，其余年份均为负值。如表10-4、图10-7所示。

表10-4 西藏自治区期刊出版增长率（2007—2013年）

年份	出版品种数增长率（%）	每期平均印数增长率（%）	总印张数增长率（%）
2007	0.0	28.6	0.0
2008	2.9	−11.1	0.0
2009	2.9	−12.5	0.0
2010	0.0	14.3	0.0
2011	−2.8	−1.3	0.0
2012	0.0	−0.6	0.0
2013	0.0	8.3	0.0

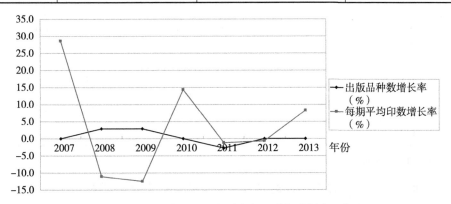

图10-7 2007—2013年历年西藏自治区期刊出版品种数增长率和每期平均印数增长率

2006—2013年，总印张数保持不变，增长率为0。如图10-8所示。

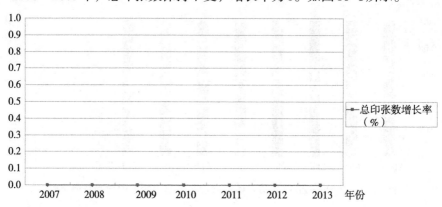

图10-8　2007—2013年历年西藏自治区期刊出版总印张数增长率

三、报纸出版

2006—2013年，西藏自治区报纸出版数量见表10-5。2013年，西藏自治区出版报纸23种，每期平均印数37.2万份，总印数0.8亿份，总印张数2.1亿印张。

表10-5　西藏自治区报纸出版数量（2006—2013年）

年份	出版品种数 （种）	每期平均印数 （万份）	总印数 （亿份）	总印张数 （亿印张）
2006	23	17.8	0.3	0.9
2007	23	17.6	0.4	0.6
2008	23	28.1	0.6	0.9
2009	23	29.9	0.6	0.9
2010	23	30.0	0.7	1.1
2011	23	30.8	0.6	1.8
2012	23	36.8	0.7	2.0
2013	23	37.2	0.8	2.1

数据来源：国家统计局网站

2006—2013年，报纸出版品种数没有变化。每期平均印数变化较大，呈上升趋势。如图10-9所示。

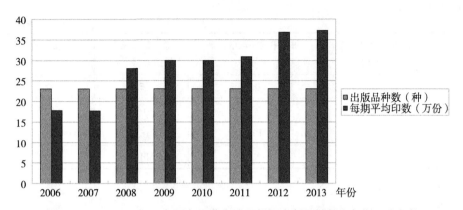

图 10-9 2006—2013 年历年西藏自治区报纸出版品种数和每期平均印数

2006—2013 年，报纸出版总印数呈上升趋势，总印张数和总印数的变化趋势相似。如图 10-10 所示。

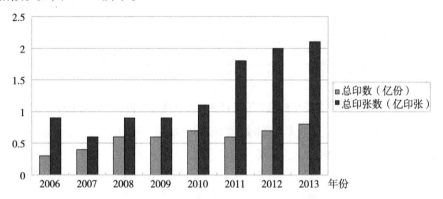

图 10-10 2006—2013 年历年西藏自治区报纸出版总印数和总印张数

2007—2013 年，报纸出版品种数保持不变，每期平均印数增长率在 2007 年为负值，其余年份均为正值，在 2008 年增长率最高。如表 10-6、图 10-11 所示。

表 10-6 西藏自治区报纸出版增长率（2007—2013 年）

年份	出版品种数增长率 （%）	每期平均印数增长率 （%）	总印数增长率 （%）	总印张数增长率 （%）
2007	0.0	−1.1	33.3	−33.3
2008	0.0	59.7	50.0	50.0
2009	0.0	6.4	0.0	0.0

续表

年份	出版品种数增长率 (%)	每期平均印数增长率 (%)	总印数增长率 (%)	总印张数增长率 (%)
2010	0.0	0.3	16.7	22.2
2011	0.0	2.7	−14.3	63.6
2012	0.0	19.5	16.7	11.1
2013	0.0	1.1	14.3	5.0

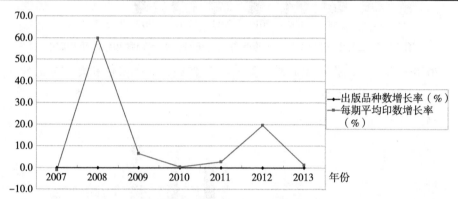

图10-11　2007—2013年历年西藏自治区报纸出版品种数增长率和每期平均印数增长率

2007—2013年，报纸出版总印数增长率在2011年为负值，总印张数增长率在2007年为负值。如图10-12所示。

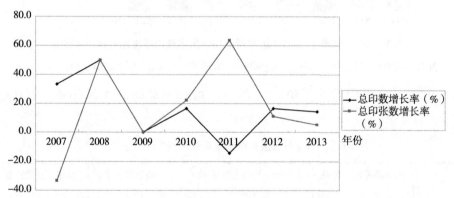

图10-12　2007—2013年历年西藏自治区报纸出版总印数增长率和总印张数增长率

四、儿童读物出版

2006—2013年，西藏自治区儿童读物出版数量见表10-7。2013年，儿童读物出版3种，总印数1万册，总印张21千印张。2013年，儿童读物出版品种数、总印数和总印张数与2012年相比均有大幅下降。

表10-7　西藏自治区儿童读物出版数量（2006—2013年）

年份	儿童读物出版品种数（种）	儿童读物出版总印数（万册）	儿童读物出版总印张（千印张）
2006	5	5	358
2007	12	5	140
2008	25	14	419
2009	9	4	185
2010	50	24	818
2011	36	36	1096
2012	15	7	407
2013	3	1	21

数据来源：国家统计局网站

2006—2013年，儿童读物出版品种数变化较大，在2010年为50种，在2013年下降到3种。如图10-13所示。

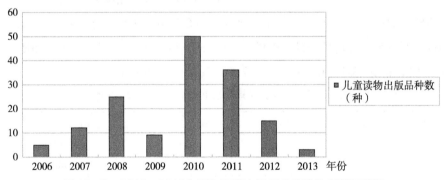

图10-13　2006—2013年历年西藏自治区儿童读物出版品种数

2006—2013年，儿童读物出版总印数变化较大，在2011年达到最高值，为36万册，在2013年下降到1万册。如图10-14所示。

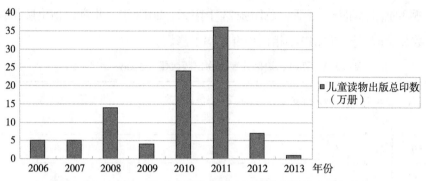

图10-14　2006—2013年历年西藏自治区儿童读物出版总印数

2006—2013年，儿童读物出版总印张在2011年最高，在2012年、2013年均大幅下降。如图10-15所示。

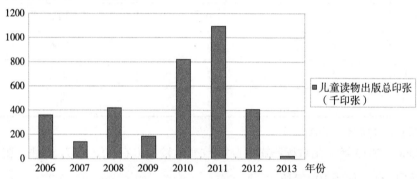

图10-15　2006—2013年历年西藏自治区儿童读物出版总印张数

2007—2013年，品种数增长率变化较大，在2010年增长455.6%，在2013年下降80%。总印数在2010年增长500%，在2013年下降85.7%。总印张数在2010年增长342.2%，在2013年下降94.8%。如表10-8、图10-16所示。

表10-8　西藏自治区儿童读物出版增长率（2007—2013年）

年份	出版品种数增长率（%）	总印数增长率（%）	总印张数增长率（%）
2007	140.0	0.0	−60.9
2008	108.3	180.0	199.3
2009	−64.0	−71.4	−55.8
2010	455.6	500.0	342.2
2011	−28.0	50.0	34.0
2012	−58.3	−80.6	−62.9
2013	−80.0	−85.7	−94.8

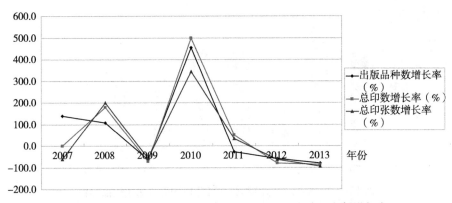

图 10-16 2007—2013年历年西藏自治区儿童读物出版增长率

五、课本出版

2006—2013年，西藏自治区课本出版数量见表10-9。2013年，课本出版品种数142种，课本出版总印数879万册，总印张58102千印张。

表 10-9 西藏自治区课本出版数量（2006—2013年）

年份	课本出版品种数（种）	课本出版总印数（万册）	课本出版总印张（千印张）
2006	132	892	62145
2007	183	1063	64205
2008	233	1190	74959
2009	93	562	33150
2010	185	1062	69405
2011	192	1102	71463
2012	152	1079	78311
2013	142	879	58102

数据来源：国家统计局网站

2006—2013年，课本出版品种数有较大波动，在2009年下降到93种，在2013达到142种。如图10-17所示。

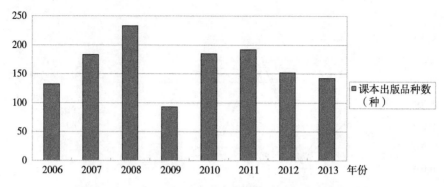

图10-17　2006—2013年历年西藏自治区课本出版品种数

　　2006—2013年，课本出版总印数在2009年大幅下降，只有562万册，在2010年大幅增加，在2012年、2013年有所下降。如图10-18所示。

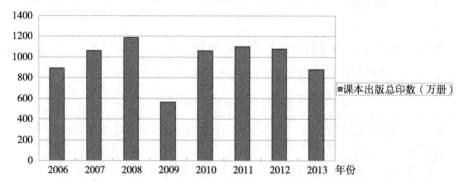

图10-18　2006—2013年历年西藏自治区课本出版总印数

　　2006—2013年，课本出版总印张数变化与总印数变化趋势相似，在2009年降至最低值，2012年为最高值，在2013年有所下降。如图10-19所示。

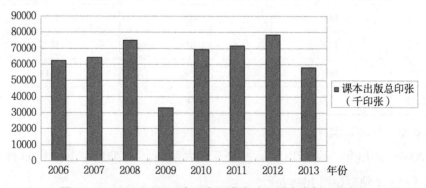

图10-19　2006—2013年历年西藏自治区课本出版总印张数

　　2007—2013年，课本出版品种数增长率变化幅度较大，最高值为2010年的

98.9%，最低值为2009年的-60.1%。总印数增长率在2010年高达89%。总印张数增长率在2010年高达109.4%，在2008年降至最低值，为-55.8%。如表10-10、图10-20所示。

表10-10　西藏自治区课本出版增长率（2007—2013年）

年份	出版品种数增长率（%）	总印数增长率（%）	总印张数增长率（%）
2007	38.6	19.2	3.3
2008	27.3	11.9	16.7
2009	−60.1	−52.8	−55.8
2010	98.9	89.0	109.4
2011	3.8	3.8	3.0
2012	−20.8	−2.1	9.6
2013	−6.6	−18.5	−25.8

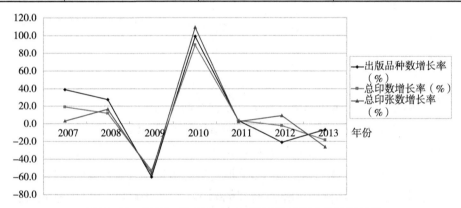

图10-20　2007—2013年历年西藏自治区课本出版增长率

六、西藏自治区出版结构及特点

2006—2013年，在书报刊出版总印张构成中，占比最大的是报纸，2013年占书报刊出版总印张的70%，图书出版总印张和期刊出版总印张合计占书报刊出版总印张的30%。如表10-11、图10-21所示。

表10-11　西藏自治区书报刊出版结构（2006—2013年）

年份	图书出版总印张占比（%）	期刊出版总印张占比（%）	报纸出版总印张占比（%）
2006	41.2	5.9	52.9

续表

年份	图书出版总印张占比（%）	期刊出版总印张占比（%）	报纸出版总印张占比（%）
2007	53.3	6.7	40.0
2008	47.4	5.3	47.4
2009	33.3	6.7	60.0
2010	42.9	4.8	52.4
2011	36.7	3.3	60.0
2012	34.4	3.1	62.5
2013	26.7	3.3	70.0

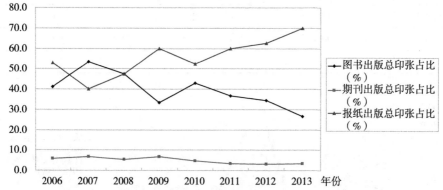

图10-21　2006—2013年历年西藏自治区书报刊出版总印张构成

　　2006—2013年，图书出版中新出版品种占比有一定波动，平均印数和平均印张数呈下降趋势，2013年平均印数1.5万册，平均印张数12.2万印张，平均印数和平均印张数与2006年相比均有所下降。如表10-12、图10-22、图10-23所示。

表10-12　西藏自治区图书出版平均指标（2006—2013年）

年份	新出版品种占比（%）	平均印数（万册）	平均印张数（万印张）
2006	42.6	4.3	29.8
2007	46.4	2.7	21.6
2008	30.4	2.1	19.1
2009	39.8	3.0	15.2
2010	31.9	1.8	15.8
2011	23.3	2.9	15.7
2012	47.4	1.8	20.1
2013	37.4	1.5	12.2

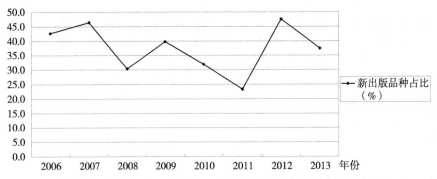

图10-22　2006—2013年历年西藏自治区图书出版新出版品种占比

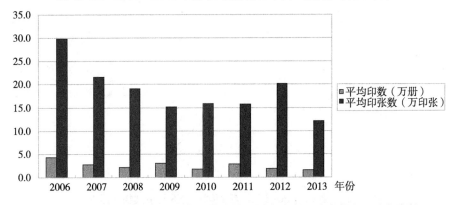

图10-23　2006—2013年历年西藏自治区图书出版平均印数和平均印张数

2006—2013年，西藏自治区儿童读物出版占比较低，最高值为2010年的8.8%，总印张占比数值最高，为2010年的2.4%。课本出版品种数值占比2006年高达56.2%，在2013年低至21.6%。课本出版总印数所占比重整体较高。如表10-13、图10-24、图10-25所示。

表10-13　西藏自治区儿童读物和课本出版占比（2006—2013年）

年份	儿童读物出版品种数占比（%）	儿童读物出版总印数占比（%）	课本出版品种数占比（%）	课本出版总印数占比（%）
2006	2.1	0.5	56.2	89.2
2007	3.2	0.5	49.3	86.3
2008	5.3	1.4	49.5	89.0
2009	2.7	0.4	28.3	56.2

年份	儿童读物出版品种数占比（%）	儿童读物出版总印数占比（%）	课本出版品种数占比（%）	课本出版总印数占比（%）
2010	8.8	2.4	32.5	91.2
2011	5.1	1.8	27.4	55.1
2012	2.7	0.7	27.8	90.9
2013	0.5	0.1	21.6	87.9

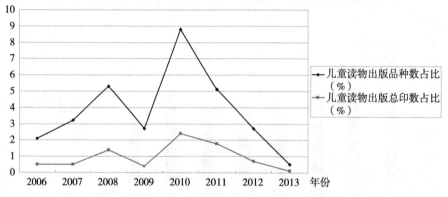

图10-24　2006—2013年历年西藏自治区儿童读物出版占比

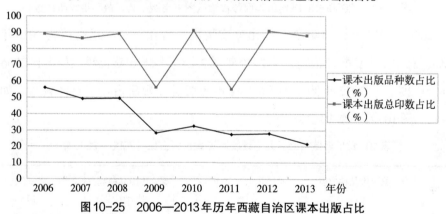

图10-25　2006—2013年历年西藏自治区课本出版占比

七、西藏自治区出版物发行

2010—2013年，西藏自治区出版物发行机构及人员统计见表10-14。2013年，西藏自治区有出版物发行机构140处，其中国有书店及国有发行网点61处，集体、个体零售网点70处。新华书店系统出版社自办发行从业人员335人，国有书店及国有发行网点从业人员331人。如图10-26、图10-27所示。

表10-14　西藏自治区出版物发行机构和人员（2010—2013年）

年份	出版物发行机构数（处）	国有书店及国有发行网点数（处）	集体、个体零售网点数（处）	新华书店系统出版社自办发行从业人数（人）	国有书店及国有发行网点从业人数（人）
2010	230	53	168	388	383
2011	131	52	70	299	295
2012	131	52	70	294	295
2013	140	61	70	335	331

资料来源：国家统计局

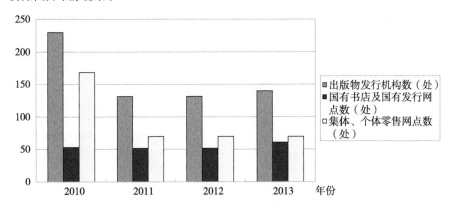

图10-26　2010—2013年历年西藏自治区出版物发行机构数

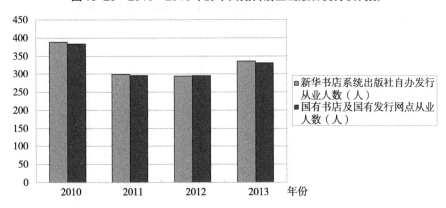

图10-27　2010—2013年历年西藏自治区发行从业人数

2011—2013年，出版物发行机构数在2011年下降，国有书店及国有发行网点数在2011年下降，集体、个体零售网点数2011年为负增长，新华书店系统出版社自办发行从业人数2011年、2012年均减少，国有书店及国有发行网点从业人数在2011年为负增长。如表10-15、图10-28、图10-29所示。

表 10-15　西藏自治区出版物发行机构和人员增长率（2011—2013年）

年份	出版物发行机构数增长率（%）	国有书店及国有发行网点数增长率（%）	集体、个体零售网点数增长率（%）	新华书店系统出版社自办发行从业人数增长率（%）	国有书店及国有发行网点从业人数增长率（%）
2011	-43.0	-1.9	-58.3	-22.9	-23.0
2012	0.0	0.0	0.0	-1.7	0.0
2013	6.9	17.3	0.0	13.9	12.2

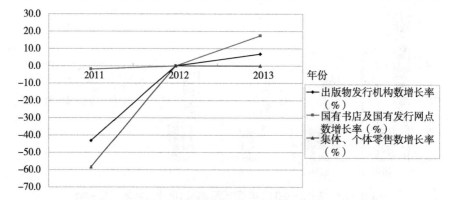

图 10-28　2011—2013年历年西藏自治区出版物发行机构数增长率

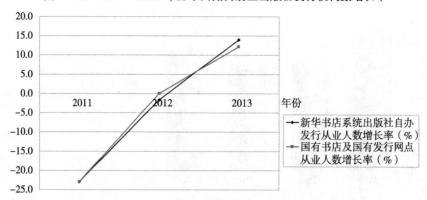

图 10-29　2011—2013年历年西藏自治区发行从业人数增长率

第十一章　陕西省出版业发展状况分析

一、图书出版

截至2013年，陕西省共有出版单位36家，其中图书出版单位16家，音像出版单位11家，电子出版物出版单位9家。

2006—2013年，陕西省图书出版数量见表11-1。2013年，陕西省出版图书9395种，其中新出版品种4967种，总印数1.9亿册，总印张数16.4亿印张。

表11-1　陕西省图书出版数量（2006—2013年）

年份	出版品种数（种）	新出版品种数（种）	总印数（亿册）	总印张数（亿印张）
2006	4675	2590	1.5	11.4
2007	5252	2842	1.8	12.2
2008	5463	2903	2.2	15.7
2009	5779	2971	2.0	15.1
2010	6378	3189	2.0	15.1
2011	6636	3350	1.7	13.3
2012	8468	4470	2.0	16.8
2013	9395	4967	1.9	16.4

数据来源：国家统计局网站

2006—2013年，图书出版品种数和新出版品种数均逐年增加。如图11-1所示。

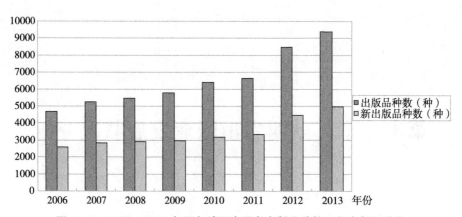

图11-1 2006—2013年历年陕西省图书出版品种数和新出版品种数

2006—2013年，图书出版总印数有一定波动，在2008年达到最大值，总印张数整体上有所上升。如图11-2所示。

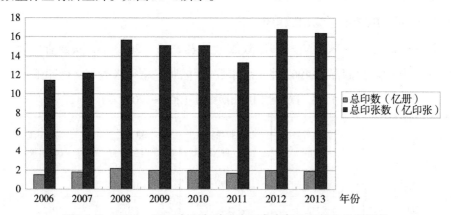

图11-2 2006—2013年历年陕西省图书出版总印数和总印张数

2007—2013年，图书出版品种数增长率均为正值，新出版品种增长率均为正值，2012年最高为33.4%。如表11-2、如图11-3所示。

表11-2 陕西省图书出版增长率（2007—2013年）

年份	出版品种数增长率（%）	新出版品种数增长率（%）	总印数增长率（%）	总印张数增长率（%）
2007	12.3	9.7	20.0	7.0
2008	4.0	2.1	22.2	28.7
2009	5.8	2.3	−9.1	−3.8
2010	10.4	7.3	0.0	0.0
2011	4.0	5.0	−15.0	−11.9

续表

年份	出版品种数增长率（%）	新出版品种数增长率（%）	总印数增长率（%）	总印张数增长率（%）
2012	27.6	33.4	17.6	26.3
2013	10.9	11.1	−5.0	−2.4

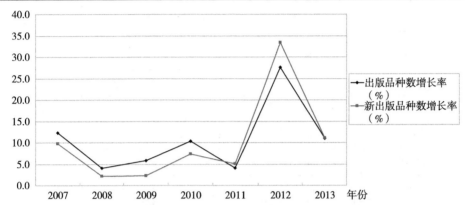

图11-3　2007—2013年历年陕西省图书出版品种数增长率和新出版品种数增长率

2007—2013年，图书出版总印数增长率和总印张数增长率变化趋势相似，2009年、2011年、2013年增长率为负值，增长率数值最高的为2008年，最低值为2011年。如图11-4所示。

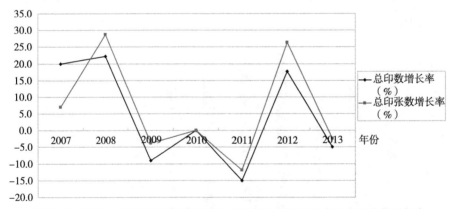

图11-4　2007—2013年历年陕西省图书出版总印数增长率和总印张数增长率

二、期刊出版

2006—2013年，陕西省期刊出版数量见表11-3。2013年，陕西省共出版期刊286种，每期平均印数281.4万册，总印数0.5亿册，总印张数3.9亿印张。

表 11-3　陕西省期刊出版数量（2006—2013 年）

年份	出版品种数 （种）	每期平均印数 （万册、万份）	总印数 （亿册）	总印张数 （亿印张）
2006	266	366.0	0.5	3.2
2007	266	344.0	0.5	3.1
2008	265	323.0	0.5	2.8
2009	286	427.0	0.7	5.0
2010	286	417.0	0.8	5.2
2011	286	369.8	0.8	5.2
2012	283	334.2	0.7	4.5
2013	286	281.4	0.5	3.9

数据来源：国家统计局网站

2006—2013 年，期刊出版品种数有所增加。在 2006 年为 266 种，在 2009 年最多达到 286 种。每期平均印数整体有下降趋势，2013 年与 2006 年相比减少 84.6 万册。如图 11-5 所示。

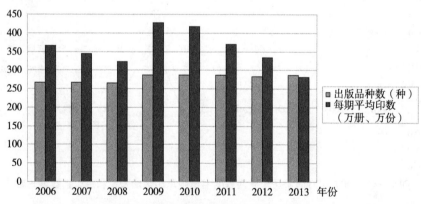

图 11-5　2006—2013 年历年陕西省期刊出版品种数和每期平均印数

2006—2013 年，期刊出版总印数先上升后下降，总印张数在 2010 年、2011 年达到最大值，随后逐渐下降。如图 11-6 所示。

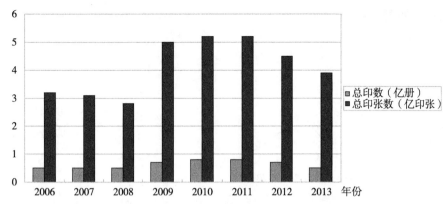

图11-6 2006—2013年历年陕西省图书出版总印数和总印张数

2006-2013年，期刊出版品种数增长率变化不大，每期平均印数增长率除2009年外均为负值。如表11-4、图11-7所示。

表11-4 陕西省期刊出版增长率（2007—2013年）

年份	出版品种数增长率（%）	每期平均印数增长率（%）	总印数增长率（%）	总印张数增长率（%）
2007	0.0	−6.0	0.0	−3.1
2008	−0.4	−6.1	0.0	−9.7
2009	7.9	32.2	40.0	78.6
2010	0.0	−2.3	14.3	4.0
2011	0.0	−11.3	0.0	0.0
2012	−1.0	−9.6	−12.5	−13.5
2013	1.1	−15.8	−28.6	−13.3

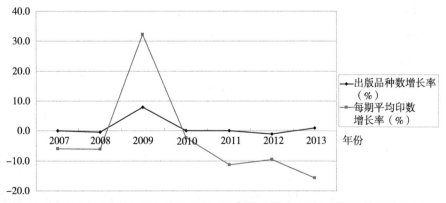

图11-7 2007—2013年历年陕西省期刊出版品种数增长率和每期平均印数增长率

2006—2013年，总印数和总印张数2009年大幅增长，2012年、2013年均为负增长。如图11-8所示。

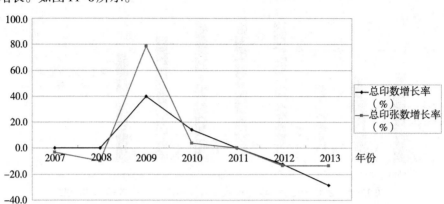

图11-8　2007—2013年历年陕西省期刊出版总印数增长率和总印张数增长率

三、报纸出版

2006—2013年，陕西省报纸出版数量见表11-5。2013年，陕西省出版报纸43种，每期平均印数289.9万份，总印数6.8亿份，总印张数43.4亿印张。

表11-5　陕西省报纸出版数量（2006—2013年）

年份	出版品种数（种）	每期平均印数（万份）	总印数（亿份）	总印张数（亿印张）
2006	44	243.6	6.3	31.4
2007	44	266.2	6.2	32.4
2008	44	251.6	5.9	38.3
2009	44	244.8	6.0	38.4
2010	44	281.0	6.2	39.2
2011	44	292.1	6.7	43.4
2012	44	303.9	7.1	45.4
2013	43	289.9	6.8	43.4

数据来源：国家统计局网站

2006—2013年，报纸出版品种数几乎没有变化。每期平均印数整体上呈上升趋势，2013年与2012年相比略有下降。如图11-9所示。

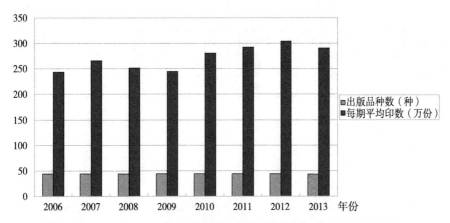

图11-9　2006—2013年历年陕西省报纸出版品种数和每期平均印数

2006—2013年，报纸出版总印数和总印张数整体上呈上升趋势，在2012年达到最大值，2013年有所下降。如图11-10所示。

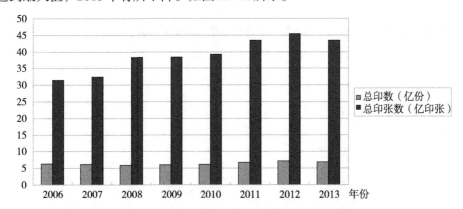

图11-10　2006—2013年历年陕西省报纸出版总印数和总印张数

2007—2013年，报纸出版品种数基本保持不变，每期平均印数增长率有一定变化，在2008年、2009年、2013年为负值。如表11-6、图11-11所示。

表11-6　陕西省报纸出版增长率（2007—2013年）

年份	出版品种数增长率（%）	每期平均印数增长率（%）	总印数增长率（%）	总印张数增长率（%）
2007	0.0	9.3	−1.6	3.2
2008	0.0	−5.5	−4.8	18.2
2009	0.0	−2.7	1.7	0.3
2010	0.0	14.8	3.3	2.1
2011	0.0	4.0	8.1	10.7

续表

年份	出版品种数增长率（%）	每期平均印数增长率（%）	总印数增长率（%）	总印张数增长率（%）
2012	0.0	4.0	6.0	4.6
2013	-2.3	-4.6	-4.2	-4.4

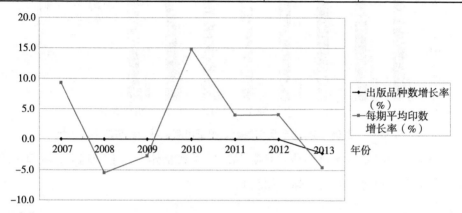

图11-11　2007—2013年历年陕西省报纸出版品种数增长率和每期平均印数增长率

2007—2013年，报纸出版总印数增长率2007年、2008年、2013年为负值，其余年份均为正值。总印张数增长率2013年为负值。如图11-12所示。

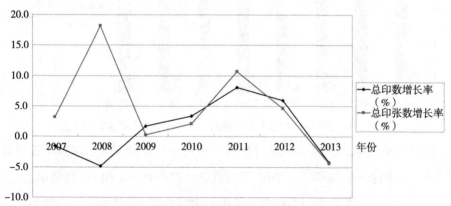

图11-12　2007—2013年历年陕西省报纸出版总印数增长率和总印张数增长率

四、儿童读物出版

2006—2013年，陕西省儿童读物出版数量见表11-7。2013年，儿童读物出版333种，总印数553万册，总印张19872千印张。儿童读物出版品种数、总印数和总印张数与2012年相比均有较大幅下降。

表11-7　陕西省儿童读物出版数量（2006—2013年）

年份	儿童读物出版品种数（种）	儿童读物出版总印数（万册）	儿童读物出版总印张（千印张）
2006	147	188	9554
2007	160	261	19733
2008	185	396	21534
2009	175	384	16850
2010	253	379	24030
2011	321	770	35993
2012	378	741	31127
2013	333	553	19872

数据来源：国家统计局网站

2006—2013年，儿童读物出版品种数整体上升，2012年为378种。如图11-13所示。

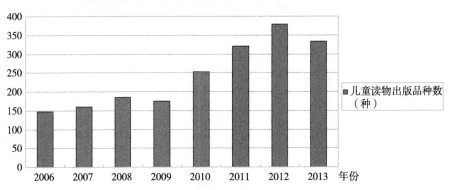

图11-13　2006—2013年历年陕西省儿童读物出版品种数

2006—2013年，儿童读物出版总印数变呈先上升后下降趋势，在2011年达到最大值，随后两年连续下降。如图11-14所示。

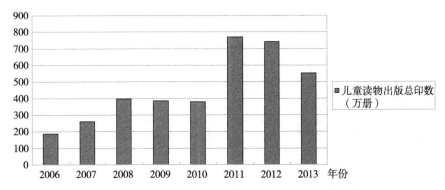

图11-14　2006—2013年历年陕西省儿童读物出版总印数

2006—2013年，儿童读物出版总印张数有较大波动，在2011年达到最大值，随后两年连续下降。如图11-15所示。

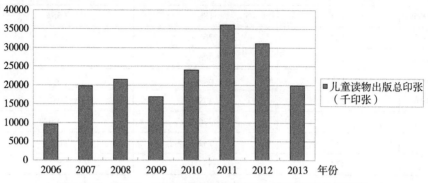

图 11-15　2006—2013年历年陕西省儿童读物出版总印张数

2007—2013年，品种数增长率变化较大，在2010年为44.6%，在2013年为11.9%。总印数在2011年为103.2%，2013年下降25.4%。总印张数2007年增长106.5%，2013年下降36.2%。如表11-8、图11-16所示。

表 11-8　陕西省儿童读物出版增长率

年份	出版品种数增长率（%）	总印数增长率（%）	总印张数增长率（%）
2007	8.8	38.8	106.5
2008	15.6	51.7	9.1
2009	−5.4	−3.0	−21.8
2010	44.6	−1.3	42.6
2011	26.9	103.2	49.8
2012	17.8	−3.8	−13.5
2013	−11.9	−25.4	−36.2

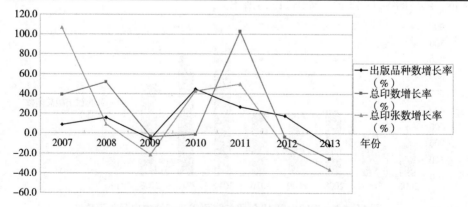

图 11-16　2007—2013年历年陕西省儿童读物出版增长率

五、课本出版

2006—2013年，陕西省课本出版数量见表11-9。2013年，课本出版品种数1830种，课本出版总印数7990万册，总印张592564千印张。

表11-9　陕西省课本出版数量（2006—2013年）

年份	课本出版品种数（种）	课本出版总印数（万册）	课本出版总印张（千印张）
2006	1283	10258	758451
2007	1400	10945	714010
2008	1485	10791	766071
2009	1435	11150	770730
2010	1668	10830	778426
2011	1508	6024	511977
2012	1857	7800	605269
2013	1830	7990	592564

数据来源：国家统计局网站

2006—2013年，课本出版品种数整体呈上升趋势，在2012年达到1857种，在2013略有下降。如图11-17所示。

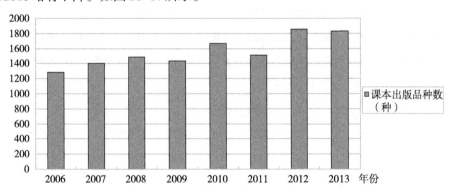

图11-17　2006—2013年历年陕西省课本出版品种数

2006—2013年，课本出版总印数整体有所下降，在2006—2010年保持比较高的水平，在2011年大幅下降，在2012年、2013年有所增长，但仍低于2010年的水平。如图11-18所示。

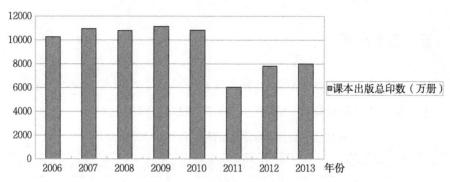

图11-18　2006—2013年历年陕西省课本出版总印数

2006—2013年，课本出版总印张数变化与总印数变化趋势相似，在2011年达到最低值，在2012年有所增长。如图11-19所示。

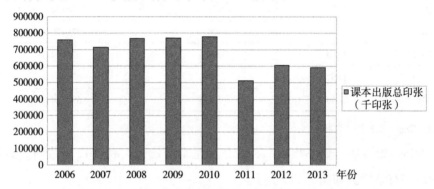

图11-19　2006—2013年历年陕西省课本出版总印张数

2007—2013年，课本出版品种数增长率在2009年、2011年、2013年为负值，其余年份均为正值。总印数在2011年下降44.4%，总印张数在2011年下降34.2%。如表11-10、图11-20所示。

表11-10　陕西省课本出版增长率（2007—2013年）

年份	出版品种数增长率（%）	总印数增长率（%）	总印张数增长率（%）
2007	9.1	6.7	−5.9
2008	6.1	−1.4	7.3
2009	−3.4	3.3	0.6
2010	16.2	−2.9	1.0
2011	−9.6	−44.4	−34.2
2012	23.1	29.5	18.2
2013	−1.5	2.4	−2.1

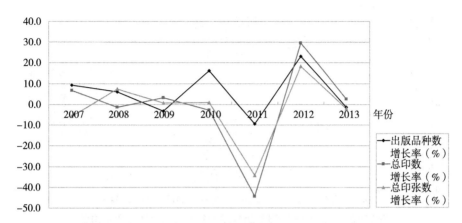

图11-20 2007—2013年历年陕西省课本出版增长率

六、陕西省出版结构及特点

2006—2013年,在书报刊出版总印张构成中,占比最大的是报纸,接近书报刊出版总印张占比的70%,图书出版总印张和期刊出版总印张合计占书报刊出版总印张的30%左右。如表11-11、图11-21所示。

表11-11 陕西省书报刊出版结构(2006—2013年)

年份	图书出版总印张占比 (%)	期刊出版总印张占比 (%)	报纸出版总印张占比 (%)
2006	24.8	7.0	68.3
2007	25.6	6.5	67.9
2008	27.6	4.9	67.4
2009	25.8	8.5	65.6
2010	25.4	8.7	65.9
2011	21.5	8.4	70.1
2012	25.2	6.7	68.1
2013	25.7	6.1	68.1

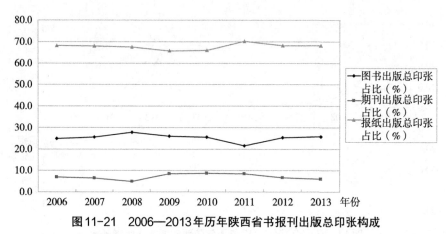

图11-21　2006—2013年历年陕西省书报刊出版总印张构成

2006—2013年，图书出版中新出版品种占比比较高，在2013年为52.9%。平均印数和平均印张数呈下降趋势，在2013年平均印数为2.0万册，平均印张数为17.5万印张，平均印数和平均印张数均与2006年相比均有所下降。如表11-12、图11-22、图11-23所示。

表11-12　陕西省图书出版平均指标

年份	新出版品种占比（%）	平均印数（万册）	平均印张数（万印张）
2006	55.4	3.2	24.4
2007	54.1	3.4	23.2
2008	53.1	4.0	28.7
2009	51.4	3.5	26.1
2010	50.0	3.1	23.7
2011	50.5	2.6	20.0
2012	52.8	2.4	19.8
2013	52.9	2.0	17.5

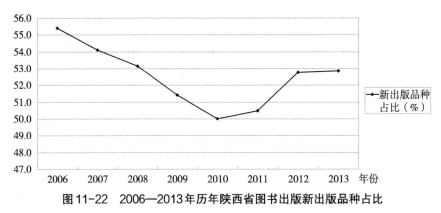

图 11-22　2006—2013年历年陕西省图书出版新出版品种占比

图 11-23　2006—2013年历年陕西省图书出版平均印数和平均印张数

2006—2013年，陕西省儿童读物出版占比较低，最高的在2011年为4.8%，总印张占比最高为2011年的4.5%。课本出版品种数占比在2006年高达27.4%，在2013年低至19.5%。课本出版总印数所占比重也有所下降，2011年为最低值，为35.4%。如表11-13、图11-24、图11-25所示。

表 11-13　陕西省儿童读物和课本出版占比（2006—2013年）

年份	儿童读物出版品种数占比（%）	儿童读物出版总印数占比（%）	课本出版品种数占比（%）	课本出版总印数占比（%）
2006	3.1	1.3	27.4	68.4
2007	3.0	1.5	26.7	60.8
2008	3.4	1.8	27.2	49.1
2009	3.0	1.9	24.8	55.8
2010	4.0	1.9	26.2	54.2
2011	4.8	4.5	22.7	35.4

年份	儿童读物出版品种数占比（%）	儿童读物出版总印数占比（%）	课本出版品种数占比（%）	课本出版总印数占比（%）
2012	4.5	3.7	21.9	39.0
2013	3.5	2.9	19.5	42.1

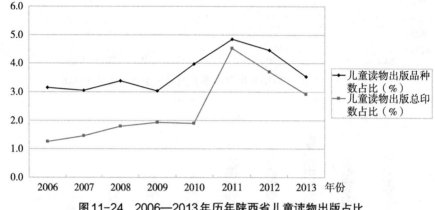

图11-24　2006—2013年历年陕西省儿童读物出版占比

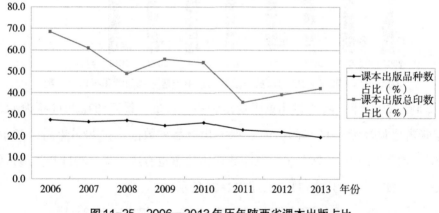

图11-25　2006—2013年历年陕西省课本出版占比

七、陕西省出版物发行

2006—2013年，陕西省出版物发行机构及人员统计见表11-14。2013年，陕西省有出版物发行机构4300处，其中国有书店及国有发行网点197处，新华书店系统外批发网点258处，集体、个体零售网点2224处。新华书店系统出版社自办发行从业人员4406人，国有书店及国有发行网点从业人员4115人。如图11-26、

图 11-27 所示。

表 11-14　陕西省出版物发行机构和人员（2010—2013 年）

年份	出版物发行机构数（处）	国有书店及国有发行网点数（处）	新华书店系统外批发网点数（处）	集体、个体零售网点数（处）	新华书店系统出版社自办发行从业人数（人）	国有书店及国有发行网点从业人数（人）
2010	4194	236	269	2067	3107	2816
2011	4714	205	269	2618	4287	3997
2012	4680	205	240	2610	4296	4073
2013	4300	197	258	2224	4406	4115

资料来源：国家统计局

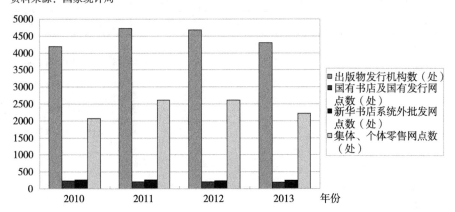

图 11-26　2010—2013 年历年陕西省出版物发行机构数

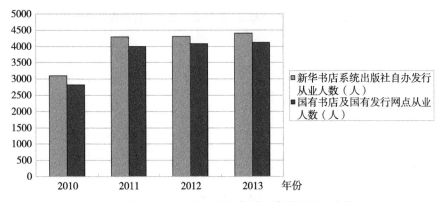

图 11-27　2010—2013 年历年陕西省发行从业人数

2011—2013 年，出版物发行机构数增长率在 2011 年为正值，在 2012 年和 2013 年均为负值，国有书店及国有发行网点数整体下降，新华书店系统外批发网点数在2012年下降10.8%，集体、个体零售网点增长率在2012年、2013年负增长，新华书店系统出版社自办发行从业人数逐年增加，国有书店及国有发行网点从业人数逐年增长。如表11-15、图11-28、图11-29所示。

表11-15 2011—2013年历年陕西省出版物发行机构和人员增长率

年份	出版物发行机构数增长率（%）	国有书店及国有发行网点数增长率（%）	新华书店系统外批发网点数增长率（%）	集体、个体零售网点数增长率（%）	新华书店系统出版社自办发行从业人数增长率（%）	国有书店及国有发行网点从业人数增长率（%）
2011	12.4	−13.1	0.0	26.7	38.0	41.9
2012	−0.7	0.0	−10.8	−0.3	0.2	1.9
2013	−8.1	−3.9	7.5	−14.8	2.6	1.0

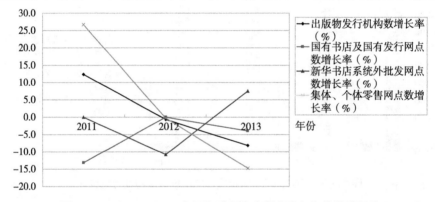

图11-28 2011—2013年历年陕西省出版物发行机构数增长率

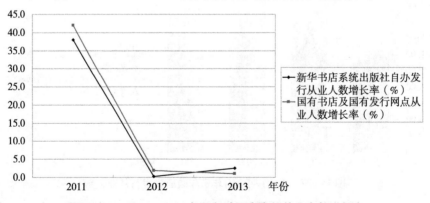

图11-29 2011—2013年历年陕西省发行从业人数增长率

第十二章　甘肃省出版业发展状况分析

一、图书出版

截至2013年，甘肃省共有出版单位11家，其中图书出版单位9家，音像出版单位1家，电子出版物出版单位1家。

2006—2013年，甘肃省图书出版数量见表12-1。2013年，甘肃省出版图书2907种，其中新出版品种1521种，总印数0.7亿册，总印张数5.7亿印张。

表12-1　甘肃省图书出版数量（2006—2013年）

年份	出版品种数（种）	新出版品种数（种）	总印数（亿册）	总印张数（亿印张）
2006	1233	871	0.7	4.6
2007	1277	775	0.6	4.1
2008	1351	738	0.6	3.9
2009	1704	1053	0.7	4.5
2010	1930	1255	0.7	5.1
2011	2248	1376	0.7	5.2
2012	2617	1453	0.7	5.5
2013	2907	1521	0.7	5.7

数据来源：国家统计局网站

2006—2013年，图书出版品种数逐年增加，新出版品种数整体上也有所增长。如图12-1所示。

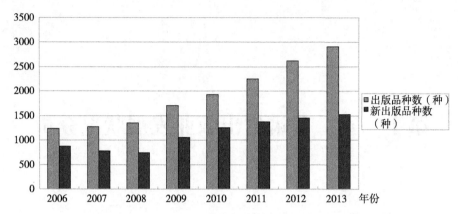

图12-1　2006—2013年历年甘肃省图书出版品种数和新出版品种数

2006—2013年，图书出版总印数有一定的变化，总印张数呈先下降后上升趋势。如图12-2所示。

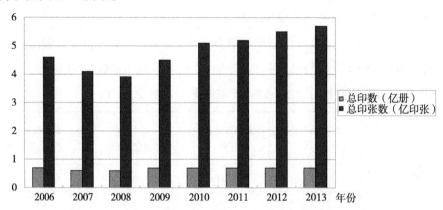

图12-2　2006—2013年历年甘肃省图书出版总印数和总印张数

2007—2013年，图书出版品种数增长率均为正值，在2009年高达26.1%，在2007年低至3.6%。新出版品种增长率在2009年高达42.7%，在2007年低至-11.0%。如表12-2、图12-3所示。

表12-2　甘肃省图书出版增长率（2007—2013年）

年份	出版品种数增长率（%）	新出版品种数增长率（%）	总印数增长率（%）	总印张数增长率（%）
2007	3.6	−11.0	−14.3	−10.9
2008	5.8	−4.8	0.0	−4.9
2009	26.1	42.7	16.7	15.4
2010	13.3	19.2	0.0	13.3

续表

年份	出版品种数增长率（%）	新出版品种数增长率（%）	总印数增长率（%）	总印张数增长率（%）
2011	16.5	9.6	0.0	2.0
2012	16.4	5.6	0.0	5.8
2013	11.1	4.7	0.0	3.6

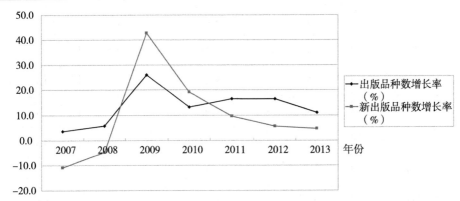

图12-3　2007—2013年历年甘肃省图书出版品种数增长率和新出版品种数增长率

2007—2013年，图书出版总印数2007年为负值，2009年为正值，2013年增长率最高，为16.7%。总印张数2007年、2008年负增长，其余年份均为正增长。如图12-4所示。

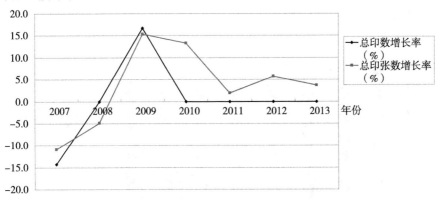

图12-4　2007—2013年历年甘肃省图书出版总印数增长率和总印张数增长率

二、期刊出版

2006—2013年，甘肃省期刊出数量见表12-3。2013年，甘肃省共出版期刊136种，每期平均印数491.2万册，总印数1.1亿册，总印张数5.6亿印张。

表12-3 甘肃省期刊出版数量（2006—2013年）

年份	出版品种数 （种）	每期平均印数 （万册、万份）	总印数 （亿册))	总印张数 （亿印张）
2006	131	627.0	1.4	5.5
2007	131	598.0	1.3	5.3
2008	135	561.0	1.2	4.8
2009	138	513.0	1.1	4.6
2010	138	499.0	1.1	4.6
2011	134	497.4	1.1	4.6
2012	134	507.0	1.1	4.9
2013	136	491.2	1.1	5.6

数据来源：国家统计局网站

2006—2013年，期刊出版品种数变化不大。在2006年为131种，在2013年为136种。每期平均印数整体呈下降趋势，2013年比2006年减少135.8万册。如图12-5所示。

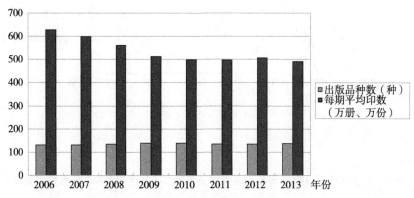

图12-5 2006—2013年历年甘肃省期刊出版品种数和每期平均印数

2006—2009年，期刊出版总印数逐年下降，2009—2013年保持不变。总印张数先下降后上升。如图12-6所示。

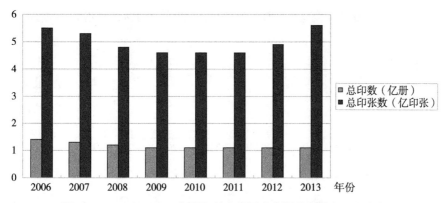

图12-6 2006—2013年历年甘肃省图书出版总印数和总印张数

2006—2013年，期刊出版品种数增长率变化不大，每期平均印数增长率除2012年为正值外，其余年份均为负增长。如表12-4、图12-7所示。

表12-4 甘肃省期刊出版增长率（2007—2013年）

年份	出版品种数增长率（%）	每期平均印数增长率（%）	总印数增长率（%）	总印张数增长率（%）
2007	0.0	-4.6	-7.1	-3.6
2008	3.1	-6.2	-7.7	-9.4
2009	2.2	-8.6	-8.3	-4.2
2010	0.0	-2.7	0.0	0.0
2011	-2.9	-0.3	0.0	0.0
2012	0.0	1.9	0.0	6.5
2013	1.5	-3.1	0.0	14.3

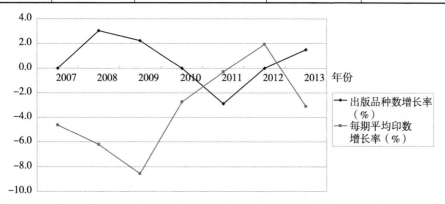

图12-7 2007—2013年历年甘肃省期刊出版品种数增长率和每期平均印数增长率

2006—2009年，总印数增长率为负值，2010—2013年为0。总印张数增长率有较大变化，在2013年高达14.3%，在2008年低至−9.4%。如图12-8所示。

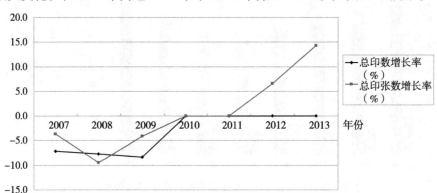

图 12-8　2007—2013年历年甘肃省期刊出版总印数增长率和总印张数增长率

三、报纸出版

2006—2013年，甘肃省报纸出版数量见表12-5。2013年，甘肃省出版报纸51种，每期平均印数220.5万份，总印数5.2亿份，总印张数11.0亿印张。

表12-5　甘肃省报纸出版数量（2006—2013年）

年份	出版品种数 （种）	每期平均印数 （万份）	总印数 （亿份）	总印张数 （亿印张）
2006	56	173.6	3.7	11.4
2007	56	179.1	3.8	11.5
2008	56	177.5	3.8	11.9
2009	56	187.2	4.0	12.9
2010	56	183.0	4.1	11.3
2011	52	193.4	4.6	10.5
2012	50	217.1	5.0	11.1
2013	51	220.5	5.2	11.0

数据来源：国家统计局网站

2006—2010年，报纸出版品种数没有变化，在2011—2013年略有减少。每期平均印数整体呈上升趋势。如图12-9所示。

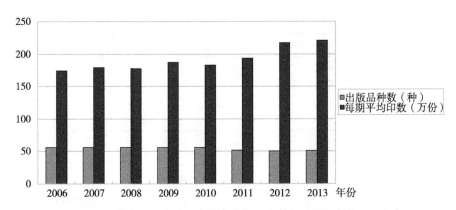

图12-9　2006—2013年历年甘肃省报纸出版品种数和每期平均印数

2006—2013年，报纸出版总印数逐年增加，总印张数先升后降并逐渐趋于稳定。如图12-10所示。

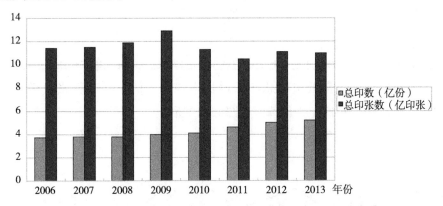

图12-10　2006—2013年历年甘肃省报纸出版总印数和总印张数

2011年，报纸出版品种数下降7.1%，在2012年下降3.8%，在2013年增长2.0%。每期平均印数增长率有一定变化，2008年、2010年为负增长，其余年份均为正增长。如表12-6、图12-11所示。

表12-6　甘肃省报纸出版增长率（2007—2013年）

年份	出版品种数增长率（%）	每期平均印数增长率（%）	总印数增长率（%）	总印张数增长率（%）
2007	0.0	3.2	2.7	0.9
2008	0.0	−0.9	0.0	3.5
2009	0.0	5.5	5.3	8.4
2010	0.0	−2.2	2.5	−12.4

续表

年份	出版品种数增长率（%）	每期平均印数增长率（%）	总印数增长率（%）	总印张数增长率（%）
2011	-7.1	5.7	12.2	-7.1
2012	-3.8	12.3	8.7	5.7
2013	2.0	1.6	4.0	-0.9

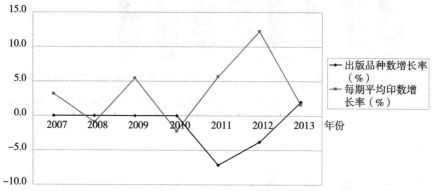

图12-11　2007—2013年历年甘肃省报纸出版品种数增长率和每期平均印数增长率

2007—2013年，报纸出版总印数增长率均为正值，总印数张数增长率在2010年、2011年、2013年为负值。如图12-12所示。

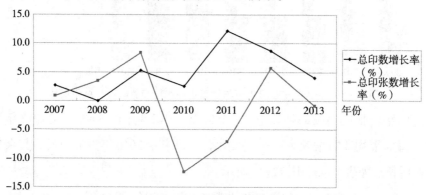

图12-12　2007—2013年历年甘肃省报纸出版总印数增长率和总印张数增长率

四、儿童读物出版

2006—2013年，甘肃省儿童读物出版数量见表12-7。2013年，儿童读物出版76种，总印数75万册，总印张4399千印张。2013年，儿童读物出版品种数、总印数和总印张数与2012年相比均有大幅下降。

表 12-7　甘肃省儿童读物出版数量（2006—2013 年）

年份	儿童读物出版品种数（种）	儿童读物出版总印数（万册）	儿童读物出版总印张（千印张）
2006	49	77	2834
2007	39	53	3792
2008	110	81	2876
2009	105	79	2613
2010	47	65	2010
2011	83	76	4034
2012	154	285	11400
2013	76	75	4399

数据来源：国家统计局网站

　　2006—2013 年，儿童读物出版品种数变化较大，在 2012 年为 154 种，在 2013 年下降到 76 种。如图 12-13 所示。

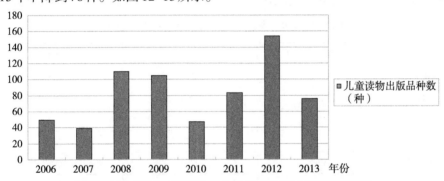

图 12-13　2006—2013 年历年甘肃省儿童读物出版品种数

　　2006—2013 年，儿童读物出版总印数变化较大，在 2012 年最高达 285 万册，在 2013 年下降到 75 万册。如图 12-14 所示。

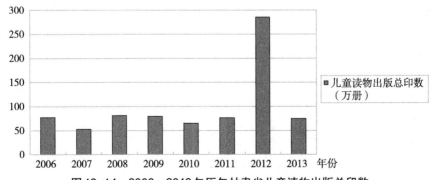

图 12-14　2006—2013 年历年甘肃省儿童读物出版总印数

2006—2013年，儿童读物出版总印张数在2012年最高为11400千印张，在2013年下降到4399千印张。如图12-15所示。

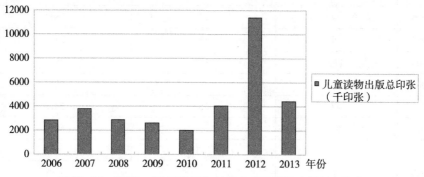

图12-15　2006—2013年历年甘肃省儿童读物出版总印张数

2007—2013年，出版品种数增长率变化较大，在2008年增长182.1%，在2013年下降50.6%。总印数在2012年增长275.0%，在2013年下降73.7%。总印张数在2012年增长182.6%，在2013年下降61.4%。如表12-8、图12-16所示。

表12-8　甘肃省儿童读物出版增长率（2007—2013年）

年份	出版品种数增长率（%）	总印数增长率（%）	总印张数增长率（%）
2007	−20.4	−31.2	33.8
2008	182.1	52.8	−24.2
2009	−4.5	−2.5	−9.1
2010	−55.2	−17.7	−23.1
2011	76.6	16.9	100.7
2012	85.5	275.0	182.6
2013	−50.6	−73.7	−61.4

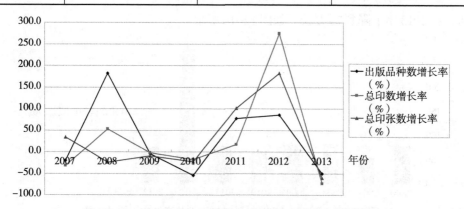

图12-16　2007—2013年历年甘肃省儿童读物出版增长率

五、课本出版

2006—2013年，甘肃省课本出版数量见表12-9。2013年，课本出版品种数98种，课本出版总印数3686万册，总印张286402千印张。

表12-9　甘肃省课本出版数量（2006—2013年）

年份	课本出版品种数（种）	课本出版总印数（万册）	课本出版总印张（千印张）
2006	107	5977	396623
2007	80	5592	343904
2008	58	3852	257567
2009	105	3961	306087
2010	58	3285	269782
2011	50	3916	319218
2012	102	3774	292054
2013	98	3686	286402

数据来源：国家统计局网站

2006—2013年，课本出版品种数波动较大，在2011年下降到50种，在2006年高达107种。如图12-17所示。

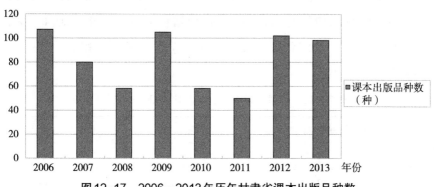

图12-17　2006—2013年历年甘肃省课本出版品种数

2006—2013年，课本出版总印数呈下降趋势，在2010年降到最低，2013年比2006年下降2291万册。如图12-18所示。

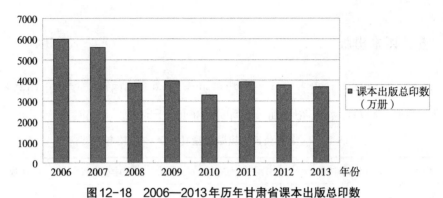

图12-18 2006—2013年历年甘肃省课本出版总印数

2006—2013年，课本出版总印张数变化与总印数变化趋势相似，2013年低于2006年的值。如图12-19所示。

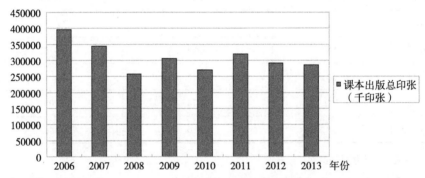

图12-19 2006—2013年历年甘肃省课本出版总印张数

2007—2013年，课本出版品种数增长率变化幅度较大，最高值为2012年的104.0%，最低值为2010年的-44.8%。总印数增长率在2009年、2011年为正值，其余年份均为负值。总印张数增长率变化与总印数增长率相似。如表12-10、图12-20所示。

表12-10 甘肃省课本出版增长率（200—2013年）

年份	出版品种数增长率（%）	总印数增长率（%）	总印张数增长率（%）
2007	−25.2	−6.4	−13.3
2008	−27.5	−31.1	−25.1
2009	81.0	2.8	18.8
2010	−44.8	−17.1	−11.9

续表

年份	出版品种数增长率（%）	总印数增长率（%）	总印张数增长率（%）
2011	-13.8	19.2	18.3
2012	104.0	-3.6	-8.5
2013	-3.9	-2.3	-1.9

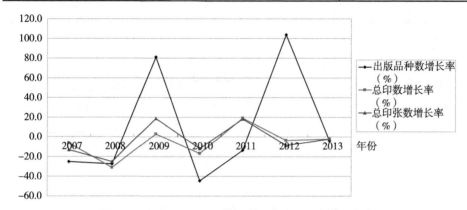

图12-20　2007—2013年历年甘肃省课本出版增长率

六、甘肃省出版结构及特点

2006—2013年，在书报刊出版总印张构成中，占比最大的是报纸，约占书报刊出版总印张的50%，图书出版总印张和期刊出版总印张各约占书报刊出版总印张的25%。如表12-11、图12-21所示。

表12-11　甘肃省书报刊出版结构（2006—2013年）

年份	图书出版总印张占比（%）	期刊出版总印张占比（%）	报纸出版总印张占比（%）
2006	21.4	25.6	53.0
2007	19.6	25.4	55.0
2008	18.9	23.3	57.8
2009	20.5	20.9	58.6
2010	24.3	21.9	53.8

续表

年份	图书出版总印张占比 （%）	期刊出版总印张占比 （%）	报纸出版总印张占比 （%）
2011	25.6	22.7	51.7
2012	25.6	22.8	51.6
2013	25.6	25.1	49.3

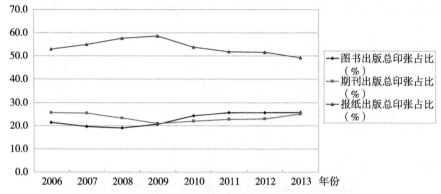

图12-21　2006—2013年历年甘肃省书报刊出版总印张构成

2006—2013年，图书出版中新出版品种占比比较高，整体上呈下降趋势，2006年为70.6%，2013年下降到52.3%。平均印数和平均印张数逐年下降，2013年平均印数为2.4万册，不足2006年的一半，平均印张数2013年与2006年相比也有较大幅度的下降。如表12-12、图12-22、图12-23所示。

表12-12　甘肃省图书出版平均指标（2006—2013年）

年份	新出版品种占比（%）	平均印数（万册）	平均印张数（万印张）
2006	70.6	5.7	37.3
2007	60.7	4.7	32.1
2008	54.6	4.4	28.9
2009	61.8	4.1	26.4
2010	65.0	3.6	26.4
2011	61.2	3.1	23.1
2012	55.5	2.7	21.0
2013	52.3	2.4	19.6

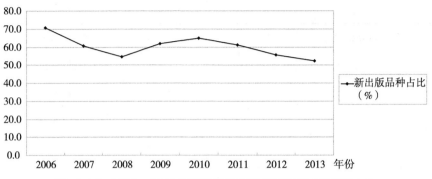

图 12-22　2006—2013年历年甘肃省图书出版新出版品种占比

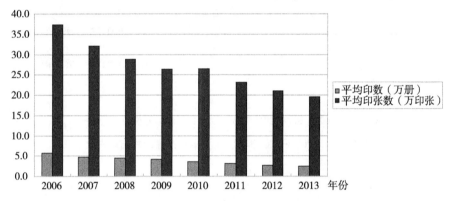

图 12-23　2006—2013年历年甘肃省图书出版平均印数和平均印张数

2006—2013年，甘肃省儿童读物出版占比较低，最高值为2012年的9.1%，总印张占比最高值为2009年的5.8%。课本出版品种数占比在2012年高达13.2%，在2006年低至8.9%。课本出版总印数所占比重也下降，但仍保持在较高的水平，在2013年占比44.4%。如表12-13、图12-24、图12-25所示。

表 12-13　甘肃省儿童读物和课本出版占比（2006—2013年）

年份	儿童读物出版品种数占比（%）	儿童读物出版总印数占比（%）	课本出版品种数占比（%）	课本出版总印数占比（%）
2006	4.4	2.9	8.9	61.1
2007	4.4	2.8	10.9	61.6
2008	5.0	5.4	11.2	47.6
2009	8.0	5.8	11.2	43.9
2010	6.9	4.8	9.9	40.2

续表

年份	儿童读物出版品种数占比（%）	儿童读物出版总印数占比（%）	课本出版品种数占比（%）	课本出版总印数占比（%）
2011	6.9	2.6	10.1	48.1
2012	9.1	4.3	13.2	46.4
2013	4.8	2.8	10.7	44.4

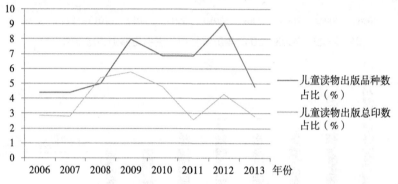

图12-24 2006—2013年历年甘肃省儿童读物出版占比

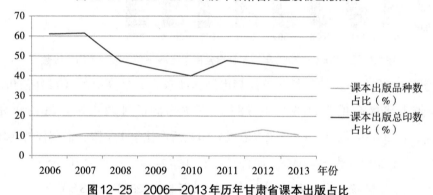

图12-25 2006—2013年历年甘肃省课本出版占比

七、甘肃省出版物发行

2006—2013年，甘肃省出版物发行机构及人员见表12-14。2013年，甘肃省有出版物发行机构2206处，其中国有书店及国有发行网点293处，新华书店系统外批发网点210处，集体、个体零售网点1619处。新华书店系统出版社自办发行从业人员3063人，国有书店及国有发行网点从业人员2949人。如图12-26、图12-27所示。

表 12-14 甘肃省出版物发行机构和人员（2010—2013年）

年份	出版物发行机构数（处）	国有书店及国有发行网点数（处）	新华书店系统外批发网点数（处）	集体、个体零售网点数（处）	新华书店系统出版社自办发行从业人数（人）	国有书店及国有发行网点从业人数（人）
2010	2278	317	179	1690	2899	2865
2011	2204	323	179	1619	3136	3032
2012	2203	295	210	1614	3117	2830
2013	2206	293	210	1619	3063	2949

资料来源：国家统计局

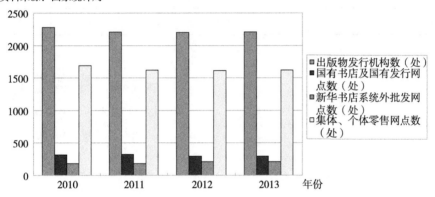

图12-26 2010—2013年历年甘肃省出版物发行机构数

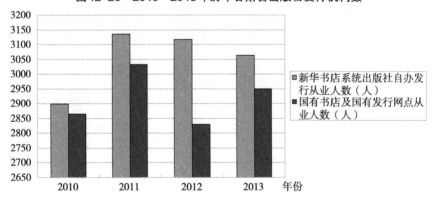

图12-27 2010—2013年历年甘肃省发行从业人数

2011—2013年，出版物发行机构数2013年与2010年相比有所减少，国有书店及国有发行网点数整体下降，新华书店系统外批发网点数有所增长，集体、个体零售网点数也有所减少，新华书店系统出版社自办发行从业人数在2012年、2013年减少，国有书店及国有发行点从业人数在2012年减少，在2013年有所增长。如表12-15、图12-28、图12-29所示。

表 12-15　甘肃省出版物发行机构和人员增长率（2011—2013年）

年份	出版物发行机构数增长率（%）	国有书店及国有发行网点数增长率（%）	新华书店系统外批发网点数增长率（%）	集体、个体零售网点数增长率（%）	新华书店系统出版社自办发行从业人数增长率（%）	国有书店及国有发行网点从业人数增长率（%）
2011	−3.2	1.9	0.0	−4.2	8.2	5.8
2012	0.0	−8.7	17.3	−0.3	−0.6	−6.7
2013	0.1	−0.7	0.0	0.3	−1.7	4.2

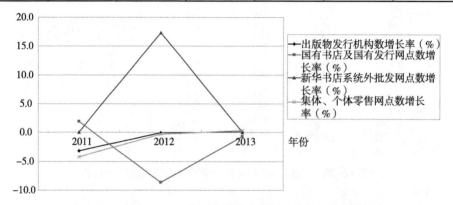

图 12-28　2011—2013年历年甘肃省出版物发行机构数增长率

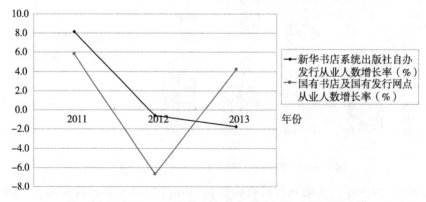

图 12-29　2011—2013年历年甘肃省发行从业人数增长率

第十三章 青海省出版业发展状况分析

一、图书出版

截至2013年，青海省共有出版单位5家，其中图书出版单位2家，音像出版单位1家，电子出版物出版单位2家。

2006—2013年，青海省图书出版数量见表13-1。2013年，青海省出版图书663种，其中新出版品种331种，总印数0.1亿册，总印张数1.0亿印张。

表13-1 青海省图书出版数量（2006—2013年）

年份	出版品种数（种）	新出版品种数（种）	总印数（亿册）	总印张数（亿印张）
2006	571	407	0.1	0.7
2007	422	348	0.1	0.7
2008	327	155	0.1	0.7
2009	453	262	0.1	0.8
2010	429	227	0.1	0.8
2011	543	327	0.1	0.9
2012	557	319	0.1	0.9
2013	663	331	0.1	1.0

数据来源：国家统计局网站

2006—2013年，图书出版品种数有所波动，呈先下降后上升趋势，新出版品种数也是如此。如图13-1所示。

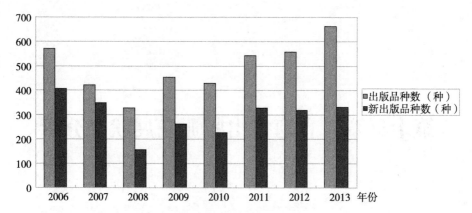

图13-1　2006—2013年历年青海省图书出版品种数和新出版品种数

2006—2013年，图书出版总印数保持不变，总印张数逐年增加。如图13-2所示。

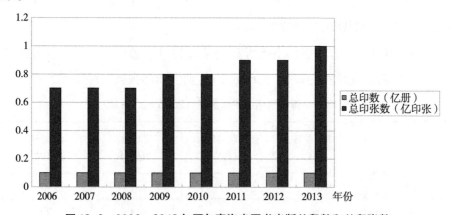

图13-2　2006—2013年历年青海省图书出版总印数和总印张数

2007—2013年，图书出版品种数增长率有一定变化，2009年最高为38.5%，2007年最低为-26.1%。新出版品种数增长率在2009年高达69%，在2008年低至-55.5%。如表13-2、图13-3所示。

表13-2　青海省图书出版增长率（2007—2013年）

年份	出版品种数增长率（%）	新出版品种数增长率（%）	总印数增长率（%）	总印张数增长率（%）
2007	-26.1	-14.5	0.0	0.0
2008	-22.5	-55.5	0.0	0.0
2009	38.5	69.0	0.0	14.3
2010	-5.3	-13.4	0.0	0.0

续表

年份	出版品种数增长率（%）	新出版品种数增长率（%）	总印数增长率（%）	总印张数增长率（%）
2011	26.6	44.1	0.0	12.5
2012	2.6	−2.4	0.0	0.0
2013	19.0	3.8	0.0	11.1

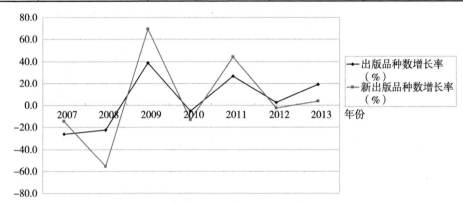

图13-3　2007—2013年历年青海省图书出版品种数增长率和新出版品种数增长率

2007—2013年，图书出版总印数保持不变，总印张数在2009年、2011年、2013年为正增长。如图13-4所示。

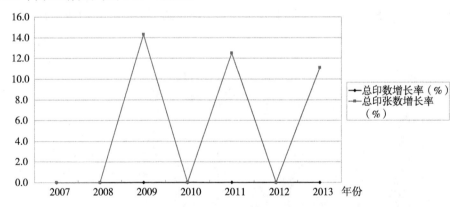

图13-4　2007—2013年历年青海省图书出版总印数增长率和总印张数增长率

二、期刊出版

2006—2013年，青海省期刊出版数量见表13-3。2013年，青海省共出版期刊53种，每期平均印数28.9万册，总印张数0.2亿印张。

表13-3 青海省期刊出版数量（2006—2013年）

年份	出版品种数 （种）	每期平均印数 （万册、万份）	总印张数 （亿印张）
2006	43	20.0	0.1
2007	43	16.0	0.1
2008	45	16.0	0.1
2009	48	19.0	0.1
2010	48	19.0	0.2
2011	53	29.8	0.3
2012	53	30.5	0.3
2013	53	28.9	0.2

数据来源：国家统计局网站

2006—2013年，期刊出版品种数有一定变化。在2006年为43种，在2013年为53种。每期平均印数整体上升，2013年与2006年相比增加8.9万册。如图13-5所示。

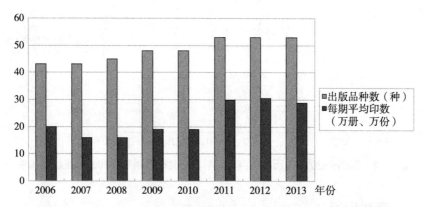

图13-5 2006—2013年历年青海省期刊出版品种数和每期平均印数

2006—2013年，期刊出版总印张数整体呈上升趋势，在2013年有所下降。如图13-6所示。

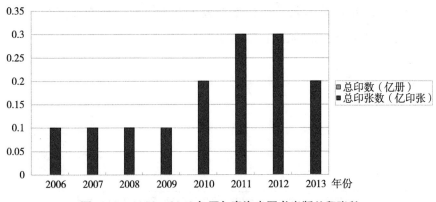

图13-6　2006—2013年历年青海省图书出版总印张数

2006—2013年，期刊出版品种数增长率有一定变化，每期平均印数增长率变化较大，在2011年高达56.8%，在2007年低至-20%。如表13-4、图13-7所示。

表13-4　青海省期刊出版增长率（2007—2013年）

年份	出版品种数增长率（%）	每期平均印数增长率（%）	总印张数增长率（%）
2007	0.0	-20.0	0.0
2008	4.7	0.0	0.0
2009	6.7	18.8	0.0
2010	0.0	0.0	100.0
2011	10.4	56.8	50.0
2012	0.0	2.3	0.0
2013	0.0	-5.2	-33.3

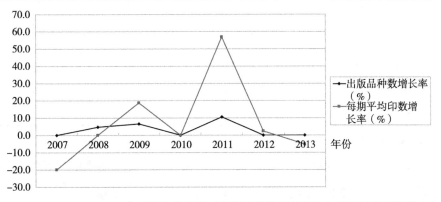

图13-7　2007—2013年历年青海省期刊出版品种数增长率和每期平均印数增长率

2007—2013年，总印张数增长率有较大变化，总印数增长率在2010年为100%，2013年为-33.3%。如图13-8所示。

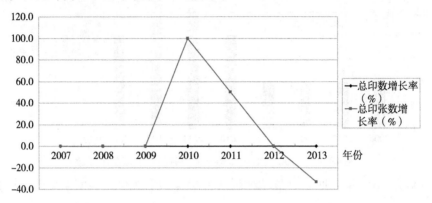

图13-8　2006—2013年历年青海省期刊出版总印数增长率和总印张数增长率

三、报纸出版

2006—2013年，青海省报纸出版数量见表13-5。2013年，青海省出版报纸27种，每期平均印数50.6万份，总印数1.2亿份，总印张数4.7亿印张。

表13-5　青海省报纸出版数量（2006—2013年）

年份	出版品种数（种）	每期平均印数（万份）	总印数（亿份）	总印张数（亿印张）
2006	25	21.1	0.5	0.7
2007	25	31.7	0.8	2.1
2008	25	35.4	0.9	2.5
2009	25	40.7	0.9	2.6
2010	25	45.0	1.0	3.4
2011	27	40.4	1.0	3.5
2012	27	45.6	1.1	3.6
2013	27	50.6	1.2	4.7

数据来源：国家统计局网站

2006—2013年，报纸出版品种数几乎没有变化。每期平均印数整体上呈上升趋势，2013年与2006年相比增加29.5万册。如图13-9所示。

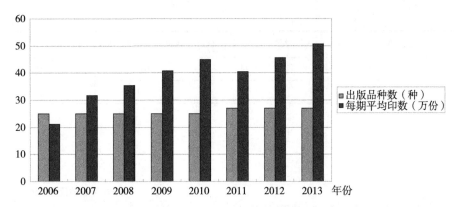

图13-9　2006—2013年历年青海省报纸出版品种数和每期平均印数

2006—2013年，报纸出版总印数和总印张数逐年增加，出版规模不断扩大。如图13-10所示。

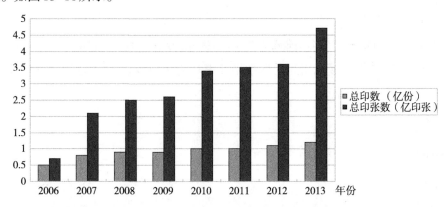

图13-10　2006—2013年历年青海省报纸出版总印数和总印张数

2007—2013年，报纸出版品种数基本保持不变，每期平均印数增长率有一定变化，2011年增长率为负值，其余年份均为正值。如表13-6、图13-11所示。

表13-6　青海省报纸出版增长率（2007—2013年）

年份	出版品种数增长率（%）	每期平均印数增长率（%）	总印数增长率（%）	总印张数增长率（%）
2007	0.0	50.2	60.0	200.0
2008	0.0	11.7	12.5	19.0
2009	0.0	15.0	0.0	4.0
2010	0.0	10.6	11.1	30.8
2011	8.0	−10.2	0.0	2.9

续表

年份	出版品种数增长率（%）	每期平均印数增长率（%）	总印数增长率（%）	总印张数增长率（%）
2012	0.0	12.9	10.0	2.9
2013	0.0	11.0	9.1	30.6

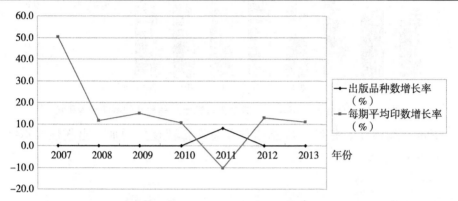

图13-11 2007—2013年历年青海省报纸出版品种数增长率和每期平均印数增长率

2007—2013年，报纸出版总印数增长率均为正值或0，总印张数增长率均为正值。如图13-12所示。

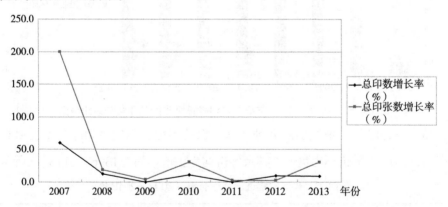

图13-12 2007—2013年历年青海省报纸出版总印数增长率和总印张数增长率

四、儿童读物出版

2006—2013年，青海省儿童出版物数量见表13-7。2013年，青海省儿童读物出版2种，总印数5万册，总印张185千印张。2013年儿童读物出版品种数、总印数和总印张数与2012年相比均有大幅下降。

表 13-7　青海省儿童读物出版数量（2006—2013年）

年份	儿童读物出版品种数（种）	儿童读物出版总印数（万册）	儿童读物出版总印张（千印张）
2006	–	–	–
2007	1	1	5
2008	2	2	87
2009	5	2	105
2010	3	13	301
2011	14	5	285
2012	17	7	293
2013	2	5	185

数据来源：国家统计局网站

2006—2013年，儿童读物出版品种数变化较大，2012年为17种，在2013年下降到2种。如图13-13所示。

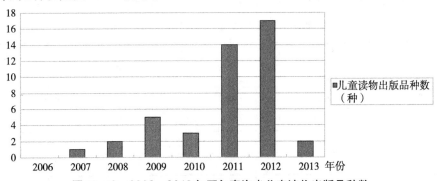

图 13-13　2006—2013年历年青海省儿童读物出版品种数

2006—2013年，儿童读物出版总印数变化较大，在2010年高达13万册，在2013年下降到5万册。如图13-14所示。

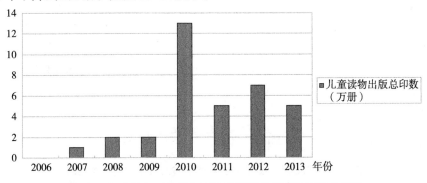

图 13-14　2006—2013年历年青海省儿童读物出版总印数

2006—2013年，儿童读物出版总印张数有较大增长，在2007年只有5千印张，在2010年达到301印张。如图13-15所示。

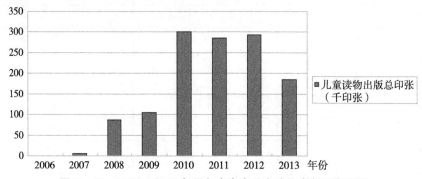

图13-15 2006—2013年历年青海省儿童读物出版总印张数

2007—2013年，出版品种数增长率变化较大，在2011年增长366.7%，在2013年下降88.2%。总印数在2010年增长550%，2011年下降61.5%。总印张数在2008年增长1640%，在2013年下降36.9%。如表13-8，图13-16所示。

表13-8 青海省儿童读物出版增长率（2007—2013年）

年份	出版品种数增长率（%）	总印数增长率（%）	总印张数增长率（%）
2008	100.0	100.0	1640.0
2009	150.0	0.0	20.7
2010	−40.0	550.0	186.7
2011	366.7	−61.5	−5.3
2012	21.4	40.0	2.8
2013	−88.2	−28.6	−36.9

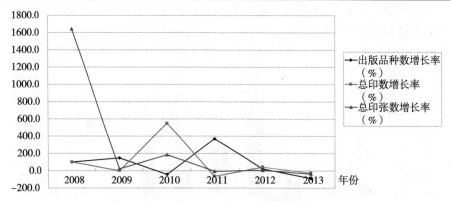

图13-16 2007—2013年历年青海省儿童读物出版增长率

五、课本出版

2006—2013年，青海省课本出版数量见表13-9。2013年，课本出版品种数195种，课本出版总印数999万册，总印张68183千印张。

表13-9 青海省课本出版数量（2006—2013年）

年份	课本出版品种数（种）	课本出版总印数（万册）	课本出版总印张（千印张）
2006	394	938	64833
2007	165	897	60440
2008	173	745	62293
2009	174	816	64374
2010	194	835	63048
2011	211	824	64802
2012	235	923	67074
2013	195	999	68183

数据来源：国家统计局网站

2006—2013年，课本出版品种数有较大波动，在2007年大幅下降，随后又逐步增长。如图13-17所示。

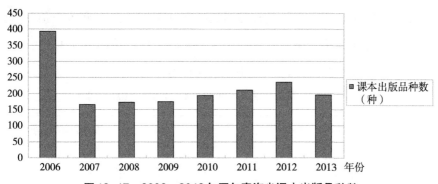

图13-17 2006—2013年历年青海省课本出版品种数

2006—2013年，课本出版总印数先下降后上升，2013年达到999万册，超过了2006年的水平。如图13-18所示。

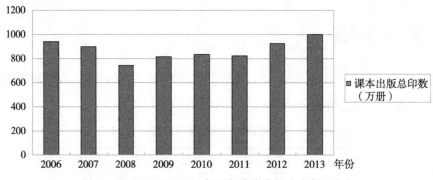

图13-18　2006—2013年历年青海省课本出版总印数

2006—2013年，课本出版总印张数在波动中上升，在2007年最低，随后逐渐增长，在2013年达到了最高值。如图13-19所示。

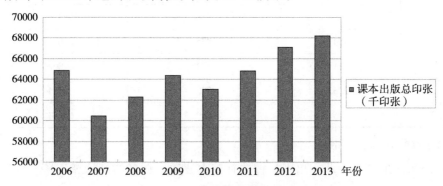

图13-19　2006—2013年历年青海省课本出版总印张数

2007—2013年，课本出版品种数增长率在2007年、2013年为负值，其余年份均为正值。总印数增长率有一定的起伏，总印张数增长率在2007年、2010年为负值，其余年份为正值。如表13-10、图13-20所示。

表13-10　青海省课本出版增长率（2007—2013年）

年份	出版品种数增长率（%）	总印数增长率（%）	总印张数增长率（%）
2007	−58.1	−4.4	−6.8
2008	4.8	−16.9	3.1
2009	0.6	9.5	3.3
2010	11.5	2.3	−2.1
2011	8.8	−1.3	2.8

续表

年份	出版品种数增长率（%）	总印数增长率（%）	总印张数增长率（%）
2012	11.4	12.0	3.5
2013	−17.0	8.2	1.7

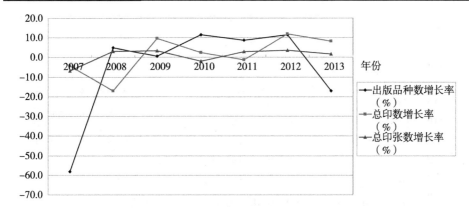

图13-20　2007—2013年历年青海省课本出版增长率

六、青海省出版结构及特点

2006—2013年，在书报刊出版总印张构成中，占比最大的是报纸，约占书报刊出版总印张的80%，2008—2013年，图书出版总印张和期刊出版总印张合计约占书报刊出版总印张的20%。图书出版所占比重呈下降趋势，报纸出版比重有所提高。如表13-11、图13-21所示。

表13-11　青海省书报刊出版结构（2006—2013年）

年份	图书出版总印张占比（%）	期刊出版总印张占比（%）	报纸出版总印张占比（%）
2006	46.7	6.7	46.7
2007	24.1	3.4	72.4
2008	21.2	3.0	75.8
2009	22.9	2.9	74.3
2010	18.2	4.5	77.3
2011	19.1	6.4	74.5

年份	图书出版总印张占比 （%）	期刊出版总印张占比 （%）	报纸出版总印张占比 （%）
2012	18.8	6.3	75.0
2013	16.9	3.4	79.7

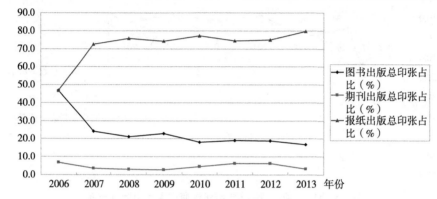

图13-21　2006—2013年历年青海省书报刊出版总印张构成

2006—2013年，图书出版中新出版品种占比整体上呈下降趋势，在2007年为82.5%，在2013年为49.9%。平均印数和平均印张数先上升后下降。如表13-12、图13-22、图13-23所示。

表13-12　青海省图书出版平均指标（2006—2013年）

年份	新出版品种占比（%）	平均印数（万册）	平均印张数（万印张）
2006	71.3	1.8	12.3
2007	82.5	2.4	16.6
2008	47.4	3.1	21.4
2009	57.8	2.2	17.7
2010	52.9	2.3	18.6
2011	60.2	1.8	16.6
2012	57.3	1.8	16.2
2013	49.9	1.5	15.1

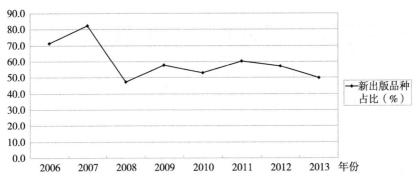

图13-22　2006—2013年历年青海省图书出版新出版品种占比

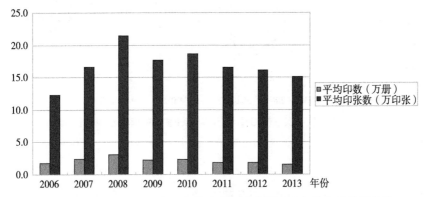

图13-23　2006—2013年历年青海省图书出版平均印数和平均印张数

2006—2013年，青海省儿童读物出版占比较低，2013年品种数占比只有0.3%，总印数占比为0.5%。课本出版品种数占比在2006年高达69%，在2013年低至29.4%。课本出版总印数所占比重较高，在2013年占比接近100%。如表13-13、图13-24、图13-25所示。

表13-13　青海省儿童读物和课本出版占比（2006—2013年）

年份	儿童读物出版品种数占比（%）	儿童读物出版总印数占比（%）	课本出版品种数占比（%）	课本出版总印数占比（%）
2006	—	—	69.0	93.8
2007	0.2	0.1	39.1	89.7
2008	0.6	0.2	52.9	74.5
2009	1.1	0.2	38.4	81.6
2010	0.7	1.3	45.2	83.5
2011	2.6	0.5	38.9	82.4

续表

年份	儿童读物出版品种数占比（%）	儿童读物出版总印数占比（%）	课本出版品种数占比（%）	课本出版总印数占比（%）
2012	3.1	0.7	42.2	92.3
2013	0.3	0.5	29.4	99.9

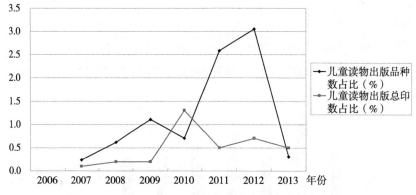

图13-24　2006—2013年历年青海省儿童读物出版占比

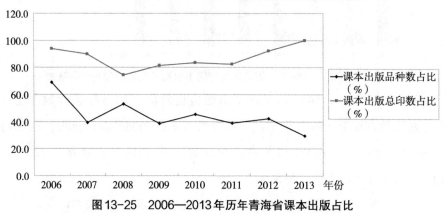

图13-25　2006—2013年历年青海省课本出版占比

七、青海省出版物发行

2006—2013年，青海省出版物发行机构及人员统计见表13-14。2013年，青海省有出版物发行机构987处，其中国有书店及国有发行网点58处，新华书店系统外批发网点28处，集体、个体零售网点712处。新华书店系统出版社自办发行从业人员666人，国有书店及国有发行点从业人员634人。如图13-26、图13-27所示。

表 13-14 青海省出版物发行机构和人员（2010—2013 年）

年份	出版物发行机构数（处）	国有书店及国有发行网点数（处）	新华书店系统外批发网点数（处）	集体、个体零售网点数（处）	新华书店系统出版社自办发行从业人数（人）	国有书店及国有发行网点从业人数（人）
2010	661	62	21	393	653	653
2011	534	61	28	352	734	734
2012	1052	55	28	786	624	624
2013	987	58	28	712	666	634

资料来源：国家统计局

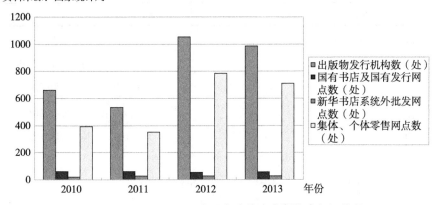

图 13-26 2010—2013 年历年青海省出版物发行机构数

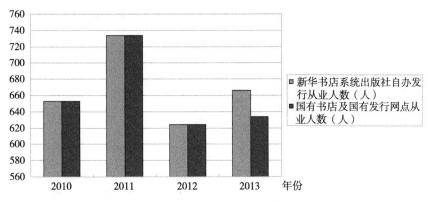

图 13-27 2010—2013 年历年青海省发行从业人数

出版物发行机构数增长率 2012 年为正值，在 2011 年和 2013 年均为负值，国有书店及国有发行网点数在 2013 年有所增加，新华书店系统外批发网点数在 2011 年大幅增长，集体、个体零售网点数在 2012 年大幅增长，新华书店系统出版社自办发行从业人数在 2012 年有所减少，国有书店及国有发行点从业人数在

2012年增长率为负值。如表13-15、图13-28、图13-29所示。

表13-15 青海省出版物发行机构和人员增长率（2011—2013年）

年份	出版物发行机构数增长率（%）	国有书店及国有发行网点数增长率（%）	新华书店系统外批发网点数增长率（%）	集体、个体零售网点数增长率（%）	新华书店系统出版社自办发行从业人数增长率（%）	国有书店及国有发行网点从业人数增长率（%）
2011	-19.2	-1.6	33.3	-10.4	12.4	12.4
2012	97.0	-9.8	0.0	123.3	-15.0	-15.0
2013	-6.2	5.5	0.0	-9.4	6.7	1.6

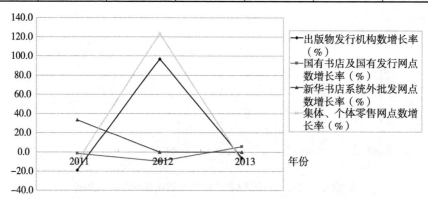

图13-28 2011—2013年历年青海省出版物发行机构数增长率

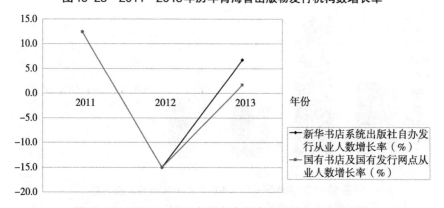

图13-29 2011—2013年历年青海省发行从业人数增长率

第十四章 宁夏回族自治区出版业发展状况分析

一、图书出版

截至2013年，宁夏回族自治区共有出版单位5家，其中图书出版单位3家，音像出版单位1家，电子出版物出版单位1家。

2006—2013年，宁夏回族自治区图书出版数量见表14-1。2013年，宁夏回族自治区出版图书2385种，其中新出版品种1417种，总印数0.4亿册，总印张数3.0亿印张。

表14-1 宁夏回族自治区图书出版数量（2006—2013年）

年份	出版品种数（种）	新出版品种数（种）	总印数（亿册）	总印张数（亿印张）
2006	553	536	0.1	0.9
2007	372	359	0.1	0.3
2008	825	616	0.2	1.0
2009	738	598	0.2	1.4
2010	905	585	0.2	1.5
2011	1248	953	0.2	1.9
2012	1676	1224	0.3	2.4
2013	2385	1417	0.4	3.0

数据来源：国家统计局网站

2006—2013年，图书出版品种数整体上升，新出版品种数也是如此。如图14-1所示。

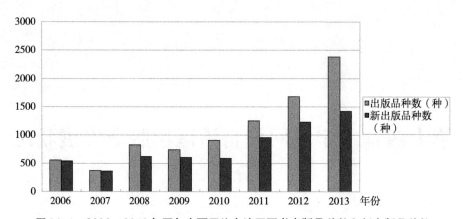

图14-1　2006—2013年历年宁夏回族自治区图书出版品种数和新出版品种数

2006—2013年，图书出版总印数不断增加，总印张数整体呈上升趋势。如图14-2所示。

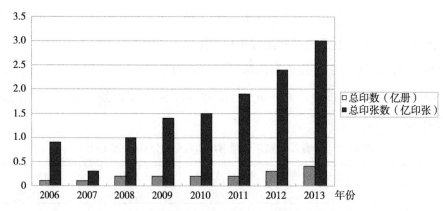

图14-2　2006—2013年历年宁夏回族自治区图书出版总印数和总印张数

2007—2013年，图书出版品种数增长率有较大变化，在2008年高达121.8%，在2007年低至-32.7%。新出版品种增长率在2008年达到最高值，为71.6%，在2007年降至最低值，为-33%。如表14-2、图14-3所示。

表14-2　宁夏回族自治区图书出版增长率（2007—2013年）

年份	出版品种数增长率（%）	新出版品种数增长率（%）	总印数增长率（%）	总印张数增长率（%）
2007	-32.7	-33.0	0.0	-66.7
2008	121.8	71.6	100.0	233.3
2009	-10.5	-2.9	0.0	40.0
2010	22.6	-2.2	0.0	7.1

续表

年份	出版品种数增长率（%）	新出版品种数增长率（%）	总印数增长率（%）	总印张数增长率（%）
2011	37.9	62.9	0.0	26.7
2012	34.3	28.4	50.0	26.3
2013	42.3	15.8	33.3	25.0

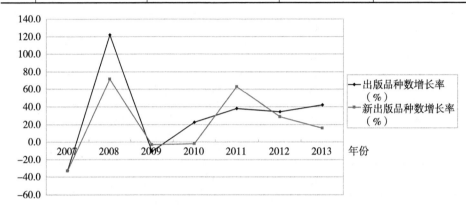

图14-3　2007—2013年历年宁夏回族自治区图书出版品种数增长率和新出版品种数增长率

2007—2013年，图书出版总印数增长率均为正值或0，总印张数2007年为负增长，其余年份增长率为正值。如图14-4所示。

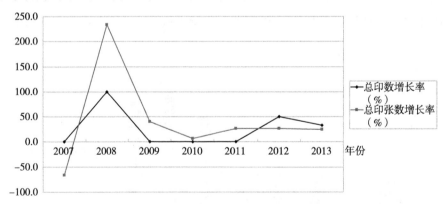

图14-4　2007—2013年历年宁夏回族自治区图书出版总印数增长率和总印张数增长率

二、期刊出版

2006—2013年，宁夏回族自治区期刊出版数量见表14-3。2013年，宁夏回族自治区共出版期刊37种，每期平均印数57.5万册，总印数0.2亿册，总印张数

1.6亿印张。

表14-3　宁夏回族自治区期刊出版数量

年份	出版品种数（种）	每期平均印数（万册、万份）	总印数（亿册））	总印张数（亿印张）
2006	34	23.0	0.1	0.1
2007	34	22.0	0.1	0.1
2008	35	22.0	0.1	0.2
2009	36	38.0	0.1	0.7
2010	36	52.0	0.1	1.4
2011	35	53.5	0.2	1.6
2012	37	62.5	0.2	1.8
2013	37	57.5	0.2	1.6

数据来源：国家统计局网站

2006—2013年，期刊出版品种数变化不大。在2006年为34种，在2013年达到37种。每期平均印数整体上升，2013年比2006年增加34.5万册。如图14-5所示。

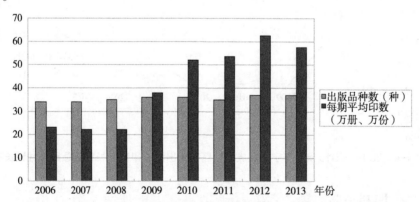

图14-5　2006—2013年历年宁夏回族自治区期刊出版品种数和每期平均印数

2006—2010年，期刊出版总印数保持不变，2011年总印数有所增长，2011—2013年保持不变。总印张数在2006—2013年有较大增加。如图14-6所示。

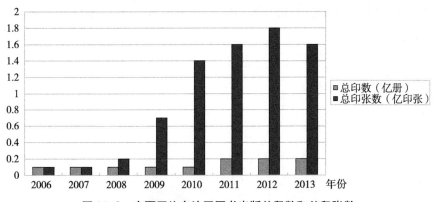

图14-6 宁夏回族自治区图书出版总印数和总印张数

2006—2013年，期刊出版品种数增长率变化不大，每期平均印数增长率变化较大，2009年高达72.7%，2013年低至-8%。如表14-4、图14-7所示。

表14-4 宁夏回族自治区期刊出版增长率（2007—2013年）

年份	出版品种数 增长率（%）	每期平均印数增长率 （%）	总印数增长率 （%）	总印张数增长率 （%）
2007	0.0	−4.3	0.0	0.0
2008	2.9	0.0	0.0	100.0
2009	2.9	72.7	0.0	250.0
2010	0.0	36.8	0.0	100.0
2011	−2.8	2.9	100.0	14.3
2012	5.7	16.8	0.0	12.5
2013	0.0	−8.0	0.0	−11.1

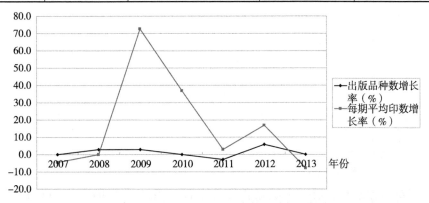

图14-7 2006—2013年历年宁夏回族自治区期刊出版品种数增长率和每期平均印数增长率

2006—2013年，总印数除2011年大幅增长外，其余年份均保持不变。总印张数增长率有较大变化，总印数增长率2009年高达250%，2013年低至-11.1%。如图14-8所示。

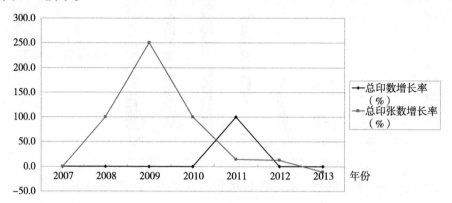

图14-8 2007—2013年历年宁夏回族自治区期刊出版总印数增长率和总印张数增长率

三、报纸出版

2006—2013年，宁夏回族自治区报纸出版数量见表14-5。2013年，宁夏回族自治区出版报纸14种，每期平均印数47.8万份，总印数1.1亿份，总印张数3.3亿印张。

表14-5 宁夏回族自治区报纸出版数量

年份	出版品种数（种）	每期平均印数（万份）	总印数（亿份）	总印张数（亿印张）
2006	15	48.2	1.1	2.3
2007	15	51.4	1.1	2.7
2008	15	48.2	1.1	3.0
2009	15	37.2	0.9	2.5
2010	15	46.0	1.1	2.8
2011	15	47.9	1.0	3.2
2012	14	45.5	1.1	3.1
2013	14	47.8	1.1	3.3

数据来源：国家统计局网站

2006—2013年，报纸出版品种数几乎没有变化。每期平均印数有一定变化，2013年与2012年相比略有增加。如图14-9所示。

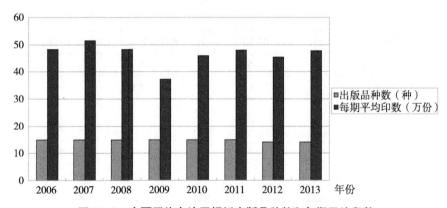

图14-9　宁夏回族自治区报纸出版品种数和每期平均印数

2006—2013年，报纸出版总印数变化不大，总印张数整体上呈上升趋势。如图14-10所示。

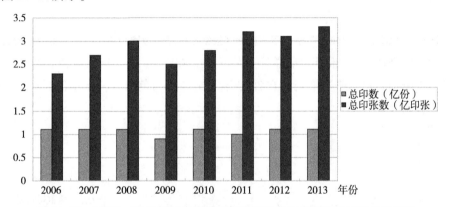

图14-10　2006—2013年历年宁夏回族自治区报纸出版总印数和总印张数

2007—2013年，报纸出版品种数基本保持不变，每期平均印数增长率有一定变化，在2008年、2009年、2012年增长率为负值，其余年份为正值。如表14-6、图14-11所示。

表14-6　宁夏回族自治区报纸出版增长率（2007—2013年）

年份	出版品种数增长率（%）	每期平均印数增长率（%）	总印数增长率（%）	总印张数增长率（%）
2007	0.0	6.6	0.0	17.4
2008	0.0	−6.2	0.0	11.1
2009	0.0	−22.8	−18.2	−16.7
2010	0.0	23.7	22.2	12.0
2011	0.0	4.1	−9.1	14.3

续表

年份	出版品种数增长率（%）	每期平均印数增长率（%）	总印数增长率（%）	总印张数增长率（%）
2012	-6.7	-5.0	10.0	-3.1
2013	0.0	5.1	0.0	6.5

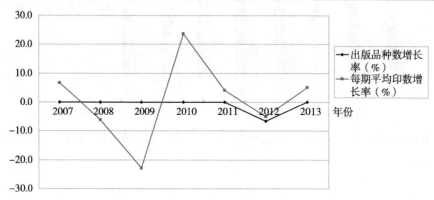

图 14-11　2007—2013年历年宁夏回族自治区报纸出版品种数增长率和每期平均印数增长率

2007—2013年，报纸出版总印数增长率2009年、2011年为负值，其余年份均为正值或0。总印张数增长率在2009年、2012年为负值，其余年份为正值。如图14-12所示。

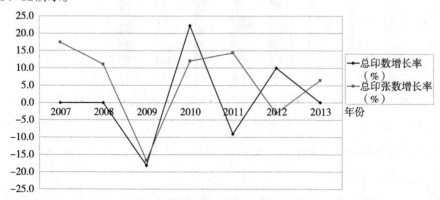

图 14-12　2007—2013年历年宁夏回族自治区报纸出版总印数增长率和总印张数增长率

四、儿童读物出版

2006—2013年，宁夏回族自治区儿童读物出版数量见表14-7。2013年，儿童读物出版135种，总印数50万册，总印张2626千印张。2013年，儿童读物出版品种数、总印数和总印张数与2012年相比均有较大幅增加。

表 14-7　宁夏回族自治区儿童读物出版数量（2006—2013年）

年份	儿童读物出版品种数（种）	儿童读物出版总印数（万册）	儿童读物出版总印张（千印张）
2006	66	73	2832
2007	24	8	289
2008	8	3	259
2009	76	94	13787
2010	16	23	991
2011	24	52	1149
2012	38	44	1097
2013	135	50	2626

数据来源：国家统计局网站

2006—2013年，儿童读物出版品种数变化较大，在2008年降至最低值，为8种，在2013年达到135种。如图14-13所示。

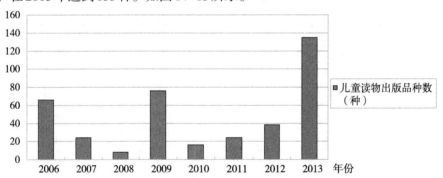

图 14-13　2006—2013年历年宁夏回族自治区儿童读物出版品种数

2006-2013年，儿童读物出版总印数变化较大，2008年只有3万册，2009年达到94万册。如图14-14所示。

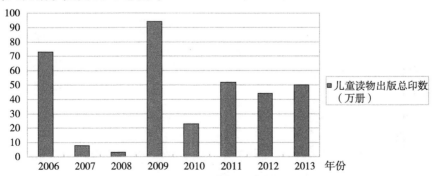

图 14-14　2006—2013年历年宁夏回族自治区儿童读物出版总印数

2006—2013年，儿童读物出版总印张数在2008年降至最低值为259千印张，在2009年高达13787千印张。如图14-15所示。

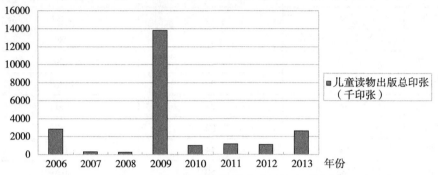

图14-15　2006—2013年历年宁夏回族自治区儿童读物出版总印张数

2007—2013年，出版品种数增长率变化较大，在2009年增长850%，在2010年下降78.9%。总印数在2009年增长3033.3%，在2007年下降89%。总印张数在2009年增长5223.2%，在2010年下降92.8%。如表14-8、图14-16所示。

表14-8　宁夏回族自治区儿童读物出版增长率（2007—2013年）

年份	出版品种数增长率（%）	总印数增长率（%）	总印张数增长率（%）
2007	−63.6	−89.0	−89.8
2008	−66.7	−62.5	−10.4
2009	850.0	3033.3	5223.2
2010	−78.9	−75.5	−92.8
2011	50.0	126.1	15.9
2012	58.3	−15.4	−4.5
2013	255.3	13.6	139.4

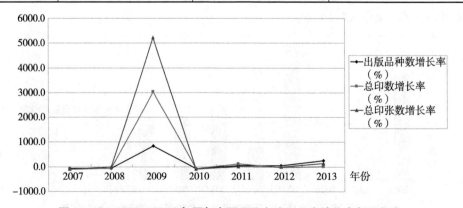

图14-16　2007—2013年历年宁夏回族自治区儿童读物出版增长率

五、课本出版

2006—2013年，宁夏回族自治区课本出版数量见表14-9。2013年，宁夏回族自治区课本出版品种数16种，课本出版总印数890万册，总印张63656千印张。

表14-9 宁夏回族自治区课本出版数量（2006—2013年）

年份	课本出版品种数（种）	课本出版总印数（万册）	课本出版总印张（千印张）
2006	13	802	48388
2007	17	357	19757
2008	162	950	59160
2009	109	1154	79179
2010	14	843	61056
2011	14	844	60909
2012	15	868	62640
2013	16	890	63656

数据来源：国家统计局网站

2006—2013年，课本出版品种数有较大波动，在2008年达到162种，在2013下降到16种。如图14-17所示。

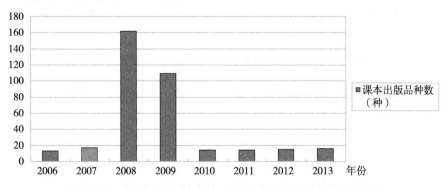

图14-17 2006—2013年历年宁夏回族自治区课本出版品种数

2006—2013年，课本出版总印数在2007年大幅下降，只有357万册，在2009年高达1154万册。如图14-18所示。

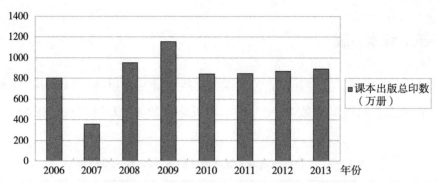

图14-18　2006—2013年历年宁夏回族自治区课本出版总印数

2006—2013年，课本出版总印张数变化与总印数变化趋势相似，在2007年最低，在2009年最高，随后几年相对稳定。如图14-19所示。

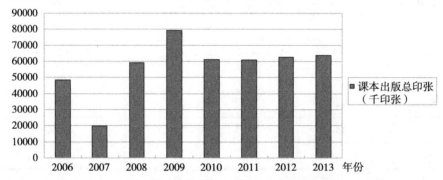

图14-19　2006—2013年历年宁夏回族自治区课本出版总印张数

2007—2013年，课本出版品种数增长率变化幅度较大，最高值为2008年的852.9%，最低值为2010年的-87.2%。总印数增长率在2008年高达166.1%。总印张数增长率在2008年高达199.4%，在2007年低至-59.2%。如表14-10、图14-20所示。

表14-10　宁夏回族自治区课本出版增长率（2007—2013年）

年份	出版品种数增长率（%）	总印数增长率（%）	总印张数增长率（%）
2007	30.8	−55.5	−59.2
2008	852.9	166.1	199.4
2009	−32.7	21.5	33.8
2010	−87.2	−26.9	−22.9
2011	0.0	0.1	−0.2
2012	7.1	2.8	2.8
2013	6.7	2.5	1.6

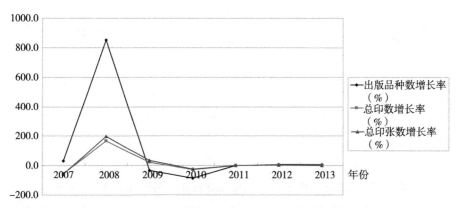

图 14-20　2007—2013 年历年宁夏回族自治区课本出版增长率

六、宁夏回族自治区出版结构及特点

2006—2013 年，在书报刊出版总印张构成中，占比最大的是报纸，占书报刊出版总印张的 40% 以上，图书出版总印张和期刊出版总印张合计约占书报刊出版总印张的 60%。如表 14-11、图 14-21 所示。

表 14-11　宁夏回族自治区书报刊出版结构（2006—2013 年）

年份	图书出版总印张占比（%）	期刊出版总印张占比（%）	报纸出版总印张占比（%）
2006	27.3	3.0	69.7
2007	9.7	3.2	87.1
2008	23.8	4.8	71.4
2009	30.4	15.2	54.3
2010	26.3	24.6	49.1
2011	28.4	23.9	47.8
2012	32.9	24.7	42.5
2013	38.0	20.3	41.8

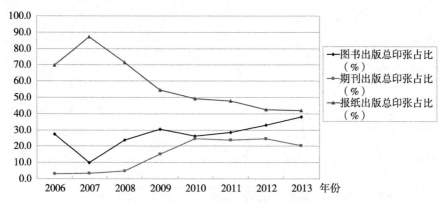

图14-21　2006—2013年历年宁夏回族自治区书报刊出版总印张构成

2006—2013年，图书出版中新出版品种占比比较高，整体上呈下降趋势，在2006年高达96.9%，在2013年为59.4%。平均印数和平均印张数呈下降趋势，2013年平均印数1.7万册，平均印张数12.6万册。如表14-12、图14-22、图14-23所示。

表14-12　宁夏回族自治区图书出版平均指标（2006—2013年）

年份	新出版品种占比（%）	平均印数（万册）	平均印张数（万印张）
2006	96.9	1.8	16.3
2007	96.5	2.7	8.1
2008	74.7	2.4	12.1
2009	81.0	2.7	19.0
2010	64.6	2.2	16.6
2011	76.4	1.6	15.2
2012	73.0	1.8	14.3
2013	59.4	1.7	12.6

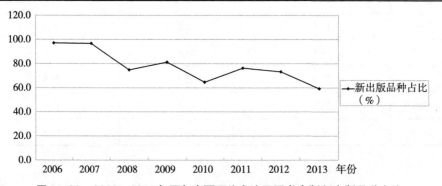

图14-22　2006—2013年历年宁夏回族自治区图书出版新出版品种占比

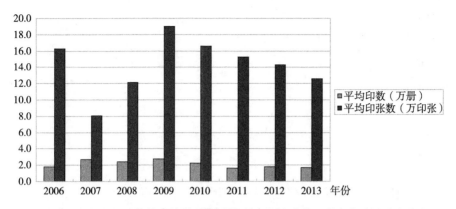

图14-23　2006—2013年历年宁夏回族自治区图书出版平均印数和平均印张数

2006—2013年，宁夏回族自治区儿童读物出版占比较低，在2006年为11.9%，总印张占比最高值为2006年的7.3%。课本出版品种数占比在2008年高达19.6%，在2013年低至0.7%。课本出版总印数所占比重整体呈下降趋势，在2013年占比22.3%，远低于2006年的水平。如表14-13、图14-24、图14-25所示。

表14-13　宁夏回族自治区儿童读物和课本出版占比（2006—2013年）

年份	儿童读物出版品种数占比（%）	儿童读物出版总印数占比（%）	课本出版品种数占比（%）	课本出版总印数占比（%）
2006	11.9	7.3	2.4	80.2
2007	6.5	0.8	4.6	35.7
2008	1.0	0.2	19.6	47.5
2009	10.3	4.7	14.8	57.7
2010	1.8	1.2	1.5	42.2
2011	1.9	2.6	1.1	42.2
2012	2.3	1.5	0.9	28.9
2013	5.7	1.3	0.7	22.3

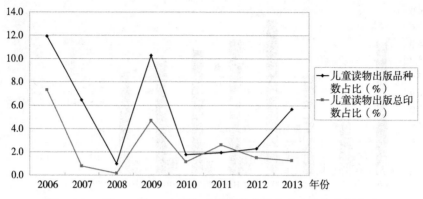

图 14-24　2006—2013年历年宁夏回族自治区儿童读物出版占比

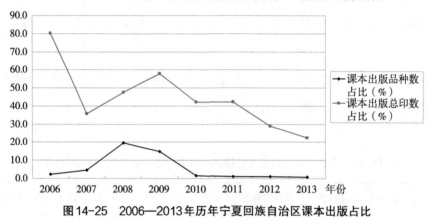

图 14-25　2006—2013年历年宁夏回族自治区课本出版占比

七、宁夏回族自治区出版物发行

2006—2013年，宁夏回族自治区出版发行机构及人员统计见表14-14。2013年，宁夏回族自治区有出版物发行机构945处，其中国有书店及国有发行网点31处，新华书店系统外批发网点42处，集体、个体零售网点426处。新华书店系统出版社自办发行从业人员659人，国有书店及国有发行网点从业人员642人。如图14-26、图14-27所示。

表 14-14　宁夏回族自治区出版物发行机构和人员（2010—2013年）

年份	出版物发行机构数（处）	国有书店及国有发行网点数（处）	新华书店系统外批发网点数（处）	集体、个体零售网点数（处）	新华书店系统出版社自办发行从业人数（人）	国有书店及国有发行网点从业人数（人）
2010	1014	30	33	514	693	693

续表

年份	出版物发行机构数（处）	国有书店及国有发行网点数（处）	新华书店系统外批发网点数（处）	集体、个体零售网点数（处）	新华书店系统出版社自办发行从业人数（人）	国有书店及国有发行网点从业人数（人）
2011	939	31	32	417	456	442
2012	989	31	42	452	514	726
2013	945	31	42	426	659	642

资料来源：国家统计局

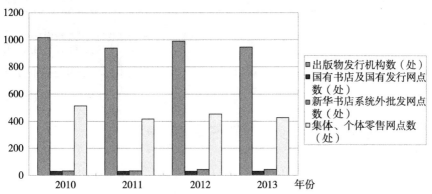

图14-26　2010—2013年历年宁夏回族自治区出版物发行机构数

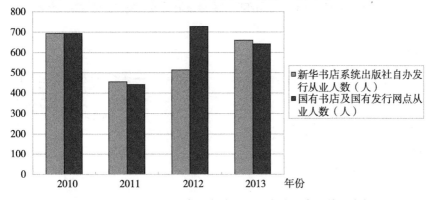

图14-27　2010—2013年历年宁夏回族自治区发行从业人数

2011—2013年，出版物发行机构数增长率在2012年为正值，在2011年和2013年均为负值，国有书店及国有发行点数在2011年有所增长，新华书店系统外批发网点数在2012年大幅增长，集体、个体零售网点数在2011年、2013年负增长，新华书店系统出版社自办发行从业人数在2011年有所减少，国有书店及国有发行网点从业人数在2012年增长率为正值，在2011年、2013年为负增长。如

表14-15、图14-28、图14-29所示。

表14-15　宁夏回族自治区出版物发行机构和人员增长率（2011—2013年）

年份	出版物发行机构数增长率（%）	国有书店及国有发行网点数增长率（%）	新华书店系统外批发网点数增长率（%）	集体、个体零售网点数增长率（%）	新华书店系统出版社自办发行从业人数增长率（%）	国有书店及国有发行网点从业人数增长率（%）
2011	-7.4	3.3	-3.0	-18.9	-34.2	-36.2
2012	5.3	0.0	31.3	8.4	12.7	64.3
2013	-4.4	0.0	0.0	-5.8	28.2	-11.6

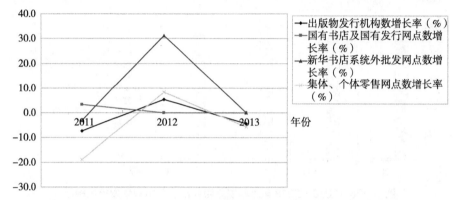

图14-28　2011—2013年历年宁夏回族自治区出版物发行机构数增长率

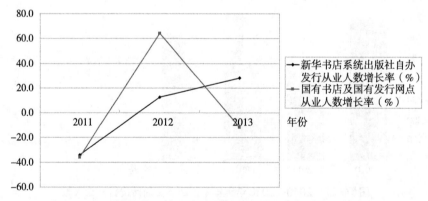

图14-29　2011—2013年历年宁夏回族自治区发行从业人数增长率

第十五章 新疆维吾尔自治区出版业发展状况分析

一、图书出版

截至2013年，新疆维吾尔自治区共有出版单位15家，其中图书出版单位11家，音像出版单位2家，电子出版物出版单位2家。

2006—2013年，新疆维吾尔自治区图书出版数量见表15-1。2013年，新疆维吾尔自治区出版图书8780种，其中新出版品种4372种，总印数1.3亿册，总印张数8.8亿印张。

表15-1 新疆维吾尔自治区图书出版数量（2006—2013年）

年份	出版品种数 （种）	新出版品种数 （种）	总印数 （亿册）	总印张数 （亿印张）
2006	4428	2258	0.9	6.0
2007	3760	1692	0.8	5.3
2008	5835	1991	0.8	5.0
2009	7735	3940	1.1	6.8
2010	4980	2468	0.5	3.9
2011	6568	3187	0.9	5.9
2012	8691	4997	1.1	7.7
2013	8780	4372	1.3	8.8

数据来源：国家统计局网站

2006—2013年，图书出版品种数有较大变动，整体有所增长，新出版品种数与出版品种数变化趋势基本相同。如图15-1所示。

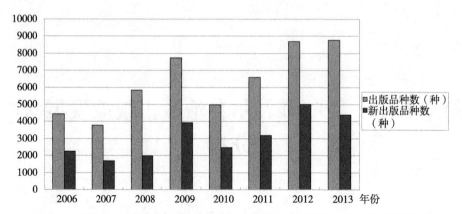

图15-1　2006—2013年历年新疆维吾尔自治区图书出版品种数和新出版品种数

2006—2013年，图书出版总印数有一定的变化，总印张数在2010—2013年呈现上升趋势。如图15-2所示。

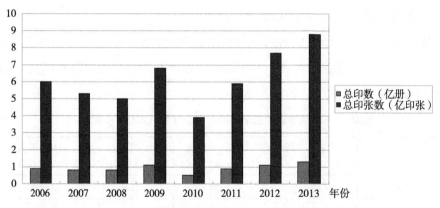

图15-2　2006—2013年历年新疆维吾尔自治区图书出版总印数和总印张数

2007—2013年，图书出版品种数增长率有一定变化，在2008年高达55.2%，在2010年低至-35.6%。新出版品种增长率在2009年高达97.9%，在2010年低至-37.4%。如表15-2、图15-3所示。

表15-2　新疆维吾尔自治区图书出版增长率（2007—2013年）

年份	出版品种数增率（%）	新出版品种数增长率（%）	总印数增长率（%）	总印张数增长率（%）
2007	−15.1	−25.1	−11.1	−11.7
2008	55.2	17.7	0.0	−5.7
2009	32.6	97.9	37.5	36.0

续表

年份	出版品种数增率（%）	新出版品种数增长率（%）	总印数增长率（%）	总印张数增长率（%）
2010	−35.6	−37.4	−54.5	−42.6
2011	31.9	29.1	80.0	51.3
2012	32.3	56.8	22.2	30.5
2013	1.0	−12.5	18.2	14.3

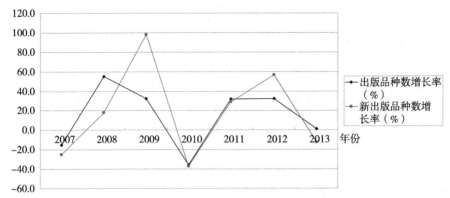

图15-3　2007—2013年历年新疆维吾尔自治区图书出版品种数增长率和新出版品种数增长率

2007—2013年，图书出版总印数在2007年、2010年为负增长，总印张数在2007年、2010年为负增长。如图15-4所示。

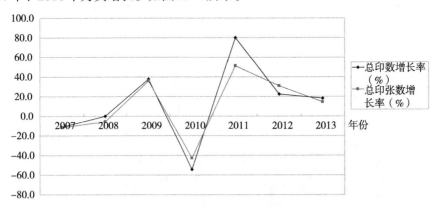

图15-4　2007—2013年历年新疆维吾尔自治区图书出版总印数增长率和总印张数增长率

二、期刊出版

2006—2013年，新疆维吾尔自治区期刊出版数量见表15-3。2013年，新疆维吾尔自治区共出版期刊214种，每期平均印数125.3万册，总印数0.2亿册，总印张数0.9亿印张。

表15-3　新疆维吾尔自治区期刊出版数量（2006—2013年）

年份	出版品种数	每期平均印数	总印数	总印张数
	（种）	（万册、万份）	（亿册））	（亿印张）
2006	206	94.0	0.1	0.6
2007	206	107.0	0.1	0.7
2008	208	105.0	0.1	0.8
2009	209	110.0	0.1	0.8
2010	209	91.0	0.1	0.5
2011	207	115.1	0.2	1.0
2012	210	118.6	0.2	0.8
2013	214	125.3	0.2	0.9

数据来源：国家统计局网站

2006—2013年，期刊出版品种数变化不大。2006年为206种，2013年为214种。每期平均印数整体上升，2013年与2006年相比增加31.3万册。如图15-5所示。

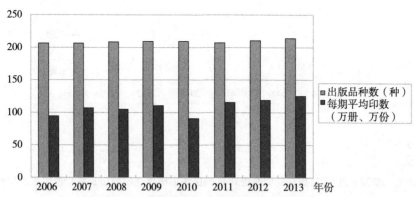

图15-5　2006—2013年历年新疆维吾尔自治区期刊出版品种数和每期平均印数

2006—2010年，期刊出版总印数保持不变，2011年总印数有很大增长，2011—2013年保持不变。总印张数有较大波动，如图15-6所示。

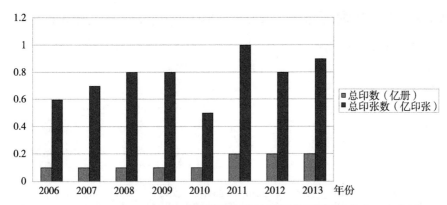

图15-6　2006—2013年历年新疆维吾尔自治区图书出版总印数和总印张数

2006—2013年，期刊出版品种数增长率变化不大，每期平均印数增长率变化较大，在2011年高达26.5%，在2010年低至-17.3%。如表15-4、图15-7所示。

表15-4　新疆维吾尔自治区期刊出版增长率（2007—2013年）

年份	出版品种数增长率（%）	每期平均印数增长率（%）	总印数增长率（%）	总印张数增长率（%）
2007	0.0	13.8	0.0	16.7
2008	1.0	−1.9	0.0	14.3
2009	0.5	4.8	0.0	0.0
2010	0.0	−17.3	0.0	−37.5
2011	−1.0	26.5	100.0	100.0
2012	1.4	3.0	0.0	−20.0
2013	1.9	5.6	0.0	12.5

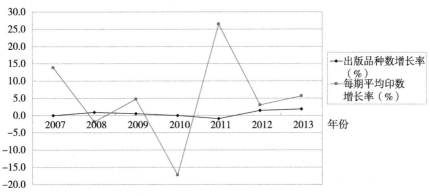

图15-7　2007—2013年历年新疆维吾尔自治区期刊出版品种数增长率和每期平均印数增长率

2006—2013年，总印数除2011年大幅增长外，其余年份均保持不变。总印张数增长率有较大变化，总印数增长率在2011年高达100%，总印张数2010年低至-37.5%。如图15-8所示。

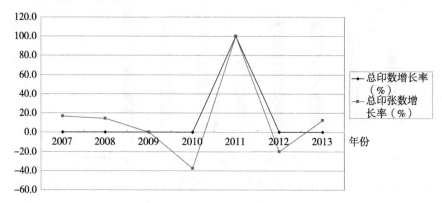

图15-8　2007—2013年历年新疆维吾尔自治区期刊出版总印数增长率增长率和总印张数增长率

三、报纸出版

2006—2013年，新疆维吾尔自治区报纸出版数量见表15-5。2013年，新疆维吾尔自治区出版报纸102种，每期平均印数252.1万份，总印数5.7亿份，总印张数19.8亿印张。

表15-5　新疆维吾尔自治区报纸出版数量（2006—2013年）

年份	出版品种数（种）	每期平均印数（万份）	总印数（亿份）	总印张数（亿印张）
2006	100	186.7	3.8	10.9
2007	100	185.9	4.3	11.7
2008	99	199.1	4.5	12.1
2009	99	193.6	4.2	11.8
2010	99	196.0	4.6	11.7
2011	96	207.5	4.7	14.5
2012	97	231.2	5.4	16.5
2013	102	252.1	5.7	19.8

数据来源：国家统计局网站

2006—2013年，报纸出版品种数变化不大。每期平均印数有一定变化，整体呈上升趋势。如图15-9所示。

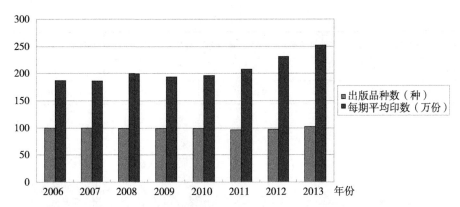

图15-9　2006—2013年历年新疆维吾尔自治区报纸出版品种数和每期平均印数

2006—2013年，报纸出版总印数和总印张数整体呈上升趋势，2011—2013年上升趋势比较明显。如图15-10所示。

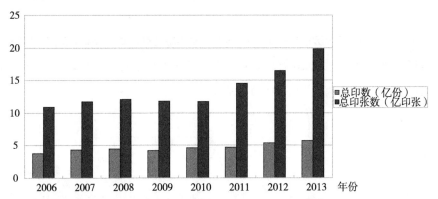

图15-10　2006—2013年历年新疆维吾尔自治区报纸出版总印数和总印张数

2007—2013年，报纸出版品种数基本保持不变，每期平均印数增长率有一定变化，2010—2013年均为正增长。如表15-6、图15-11所示。

表15-6　新疆维吾尔自治区报纸出版增长率（2007—2013年）

年份	出版品种数增长率（%）	每期平均印数增长率（%）	总印数增长率（%）	总印张数增长率（%）
2007	0.0	−0.4	13.2	7.3
2008	−1.0	7.1	4.7	3.4
2009	0.0	−2.8	−6.7	−2.5
2010	0.0	1.2	9.5	−0.8
2011	−3.0	5.9	2.2	23.9

续表

年份	出版品种数增长率（%）	每期平均印数增长率（%）	总印数增长率（%）	总印张数增长率（%）
2012	1.0	11.4	14.9	13.8
2013	5.2	9.0	5.6	20.0

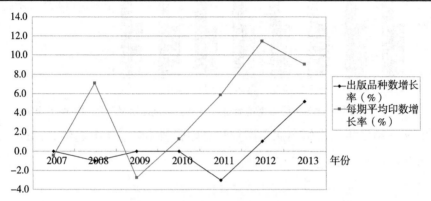

图 15-11 2007—2013年历年新疆维吾尔自治区报纸出版品种数增长率和每期平均印数增长率

2007—2013年，报纸出版总印数增长率2009年为负值，总印张数增长率在2009年、2010年为负值。如图15-12所示。

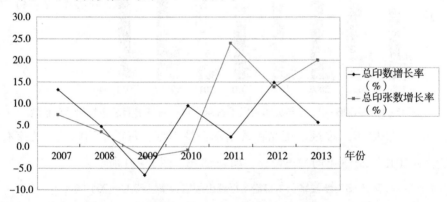

图 15-12 2007—2013年历年新疆维吾尔自治区报纸出版总印数增长率和总印张数增长率

四、儿童读物出版

2006—2013年，新疆维吾尔自治区儿童读物出版数量见表15-7。2013年，儿童读物出版1112种，总印数1718万册，总印张107556千印张。2013年，儿童读物出版品种数、总印数和总印张数与2012年相比均有大幅增长。

表15-7　新疆维吾尔自治区儿童读物出版数量（2006—2013年）

年份	儿童读物出版品种数（种）	儿童读物出版总印数（万册）	儿童读物出版总印张（千印张）
2006	152	504	18463
2007	202	304	19599
2008	210	148	5177
2009	727	495	22977
2010	494	337	18286
2011	293	254	11720
2012	453	229	22488
2013	1112	1718	107556

数据来源：国家统计局网站

　　2006-2013年，儿童读物出版品种数变化较大，在2012年为453种，在2013年增加到1112种。如图15-13所示。

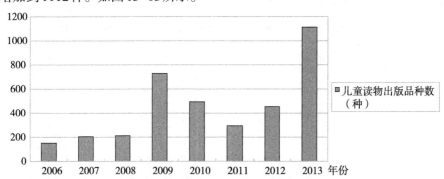

图15-13　2006—2013年历年新疆维吾尔自治区儿童读物出版品种数

　　2006—2013年，儿童读物出版总印数变化较大，在2008年下降到最低值，在2013年达到1718万册。如图15-14所示。

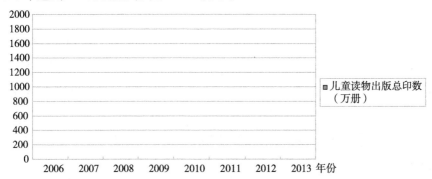

图15-14　2006—2013年历年新疆维吾尔自治区儿童读物出版总印数

2006—2013年，儿童读物出版总印张数在2008年降至最低值，在2011年后逐年增长，在2013年达到107556千印张。如图15-15所示。

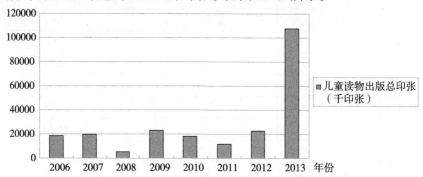

图15-15　2006—2013年历年新疆维吾尔自治区儿童读物出版总印张数

2007—2013年，出版品种数增长率变化较大，在2009年增长246.2%，在2011年下降40.7%。总印数在2013年增长650.2%，在2008年下降51.3%。总印张数在2013年增长378.3%，在2008年下降73.6%。如表15-8、图15-16所示。

表15-8　新疆维吾尔自治区儿童读物出版增长率（2007—2013年）

年份	出版品种数增长率（%）	总印数增长率（%）	总印张数增长率（%）
2007	32.9	−39.7	6.2
2008	4.0	−51.3	−73.6
2009	246.2	234.5	343.8
2010	−32.0	−31.9	−20.4
2011	−40.7	−24.6	−35.9
2012	54.6	−9.8	91.9
2013	145.5	650.2	378.3

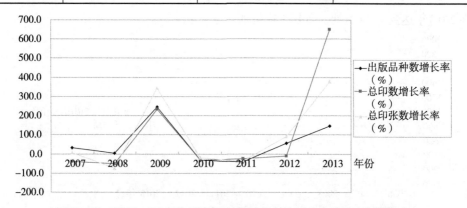

图15-16　2006—2013年历年新疆维吾尔自治区儿童读物出版增长率

五、课本出版

2006—2013年，新疆维吾尔自治区课本出版数量见表15-9。2013年，课本出版品种数2175种，课本出版总印数5633万册，总印张385474千印张。

表15-9　新疆维吾尔自治区课本出版数量（2006—2013年）

年份	课本出版品种数（种）	课本出版总印数（万册）	课本出版总印张（千印张）
2006	1728	6866	459102
2007	294	687	21449
2008	960	1510	85609
2009	3286	6952	451411
2010	1188	1746	130254
2011	2494	6344	374429
2012	2196	6266	417110
2013	2175	5633	385474

数据来源：国家统计局网站

2006—2013年，课本出版品种数有较大波动，在2007年下降至294种，在2013达到2175种。如图15-17所示。

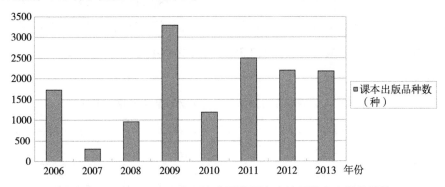

图15-17　2006—2013年历年新疆维吾尔自治区课本出版品种数

2006—2013年，课本出版总印数在2007年大幅下降，只有687万册，在2009年大幅增加，达到6952万册。如图15-18所示。

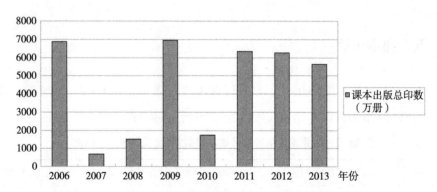

图15-18　2006—2013年历年新疆维吾尔自治区课本出版总印数

2006—2013年，课本出版总印张数变化与总印数变化趋势相似，在2007年降至最低值，在2009年有大幅增加。如图15-19所示。

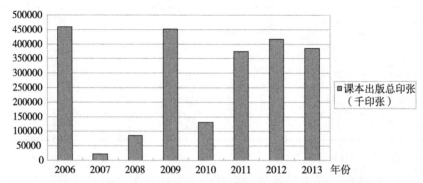

图15-19　2006—2013年历年新疆维吾尔自治区课本出版总印张数

2007—2013年，课本出版品种数增长率变化幅度较大，最高值为2009年的242.3%，最低值为2007年的-83%。总印数增长率在2009年高达360.4%。总印张数增长率在2009年为最高值，为427.3%，在2007年低至-95.3%。如表15-10、图15-20所示。

表15-10　新疆维吾尔自治区课本出版增长率（2007—2013年）

年份	出版品种数增长率（%）	总印数增长率（%）	总印张数增长率（%）
2007	-83.0	-90.0	-95.3
2008	226.5	119.8	299.1
2009	242.3	360.4	427.3
2010	-63.8	-74.9	-71.1
2011	109.9	263.3	187.5

续表

年份	出版品种数增长率（%）	总印数增长率（%）	总印张数增长率（%）
2012	-11.9	-1.2	11.4
2013	-1.0	-10.1	-7.6

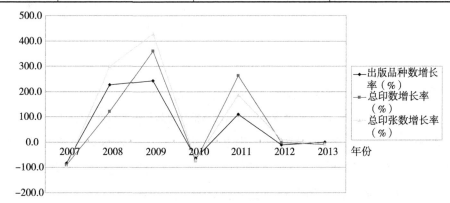

图15-20　2007—2013年历年新疆维吾尔自治区课本出版增长率

六、新疆维吾尔自治区出版结构及特点

2006—2013年，在书报刊出版总印张构成中，占比最大的是报纸，占书报刊出版总印张的60%～70%，图书出版总印张和期刊出版总印张占合计书报刊出版总印张的30%～40%。如表15-11、图15-21所示。

表15-11　新疆维吾尔自治区书报刊出版结构（2006—2013年）

年份	图书出版总印张占比（%）	期刊出版总印张占比（%）	报纸出版总印张占比（%）
2006	34.3	3.4	62.3
2007	29.9	4.0	66.1
2008	27.9	4.5	67.6
2009	35.1	4.1	60.8
2010	24.2	3.1	72.7
2011	27.6	4.7	67.8
2012	30.8	3.2	66.0
2013	29.8	3.1	67.1

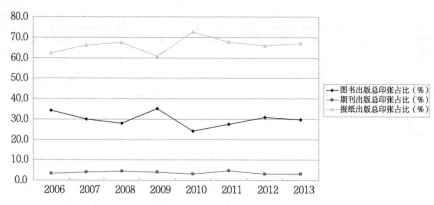

图15-21　新疆维吾尔自治区书报刊出版总印张构成

2006—2013年，图书出版中新出版品种占比有一定波动，2008年低至34.1%，2012年高达57.5%。平均印数有所变化并逐渐趋于稳定，平均印张数变化趋势与平均印数相似。如表15-12、图15-22、图15-23所示。

表15-12　新疆维吾尔自治区图书出版平均指标（2006—2013年）

年份	新出版品种占比（%）	平均印数（万册）	平均印张数（万印张）
2006	51.0	2.0	13.6
2007	45.0	2.1	14.1
2008	34.1	1.4	8.6
2009	50.9	1.4	8.8
2010	49.6	1.0	7.8
2011	48.5	1.4	9.0
2012	57.5	1.3	8.9
2013	49.8	1.5	10.0

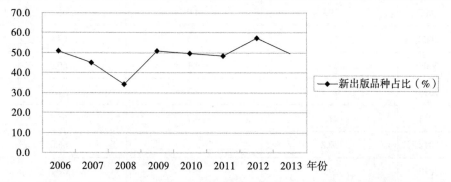

图15-22　2006—2013年历年新疆维吾尔自治区图书出版新出版品种占比

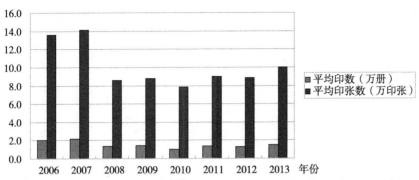

图15-23 2006—2013年历年新疆维吾尔自治区图书出版平均印数和平均印张数

2006—2013年，新疆维吾尔自治区儿童读物出版品种占比有较大波动，2013年最高为12.7%，总印数占比2013年最高为13.2%。课本出版品种数占比2006年最高，为39%，2013年为24.8%。课本出版总印数所占比重较高。如表15-13、图15-24、图15-25所示。

表15-13 新疆维吾尔自治区儿童读物和课本出版占比（2006—2013年）

年份	儿童读物出版品种数占比（%）	儿童读物出版总印数占比（%）	课本出版品种数占比（%）	课本出版总印数占比（%）
2006	3.4	5.6	39.0	76.3
2007	5.4	3.8	7.8	8.6
2008	3.6	1.9	16.5	18.9
2009	9.4	4.5	42.5	63.2
2010	9.9	6.7	23.9	34.9
2011	4.5	2.8	38.0	70.5
2012	5.2	2.1	25.3	57.0
2013	12.7	13.2	24.8	43.3

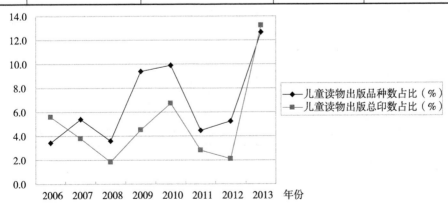

图15-24 2006—2013年历年新疆维吾尔自治区儿童读物出版占比

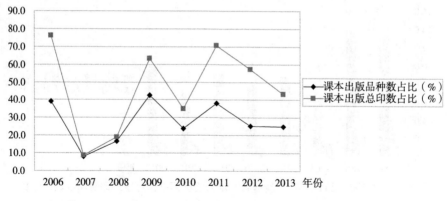

图15-25　2006—2013年历年新疆维吾尔自治区课本出版占比

七、新疆维吾尔自治区出版物发行

2006—2013年，新疆维吾尔自治区出版物发行机构及人员统计见表15-14。2013年，新疆维吾尔自治区有出版物发行机构3003处，其中国有书店及国有发行网点299处，新华书店系统外批发网点55处，集体、个体零售网点2477处。新华书店系统出版社自办发行从业人员2970人，国有书店及国有发行网点从业人员2970人。如图15-26、图15-27所示。

表15-14　新疆维吾尔自治区出版物发行机构和人员（2010—2013年）

年份	出版物发行机构数（处）	国有书店及国有发行网点数（处）	新华书店系统外批发网点数（处）	集体、个体零售网点数（处）	新华书店系统出版社自办发行从业人数（人）	国有书店及国有发行网点从业人数（人）
2010	2464	177	147	2140	2369	2369
2011	2585	296	147	2140	2768	2768
2012	2991	299	55	2465	2769	2769
2013	3003	299	55	2477	2970	2970

资料来源：国家统计局

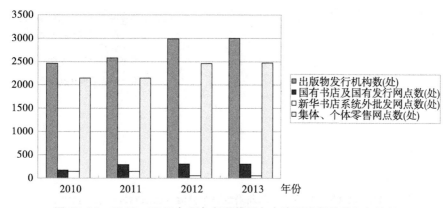

图15-26　2010—2013年历年新疆维吾尔自治区出版物发行机构数

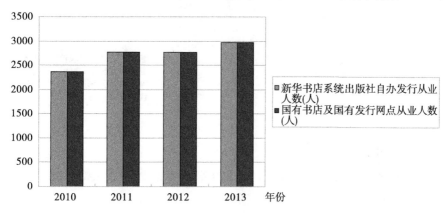

图15-27　2010—2013年历年新疆维吾尔自治区发行从业人数

2011—2013年，出版物发行机构数增长率均为正值，国有书店及国有发行点数整体增加，新华书店系统外批发网点数在2012年大幅减少，集体、个体零售网点数有所增长，新华书店系统出版社自办发行从业人数及国有书店及国有发行网点从业人数有所增长。如表15-15、图15-28、图15-29所示。

表15-15　新疆维吾尔自治区出版物发行机构和人员增长率（2011—2013年）

年份	出版物发行机构数增长率（%）	国有书店及国有发行网点数增长率（%）	新华书店系统外批发网点数增长率（%）	集体、个体零售网点数增长率（%）	新华书店系统出版社自办发行从业人数增长率（%）	国有书店及国有发行网点从业人数增长率（%）
2011	4.9	67.2	0.0	0.0	16.8	16.8
2012	15.7	1.0	−62.6	15.2	0.0	0.0
2013	0.4	0.0	0.0	0.5	7.3	7.3

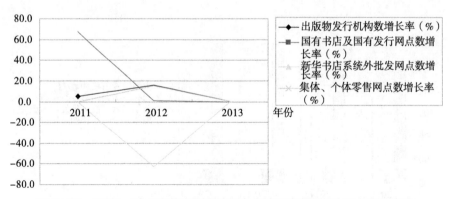

图15-28　2011—2013年历年新疆维吾尔自治区出版物发行机构数增长率

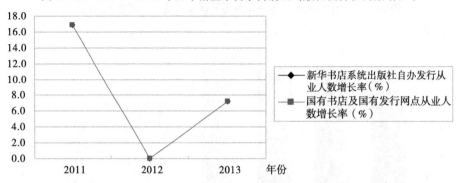

图15-29　2011—2013年历年新疆维吾尔自治区发行从业人数增长率

参考文献

[1] 郭毅青.著名经济学家厉以宁教授谈出版产业的性质与特点[J].中国出版,1991(11):25-27.

[2] 陈鸣.上海印刷出版产业的近代化[J].上海大学学报,1993(01):44-50.

[3] 张冠辉.论出版产业[J].江苏社会科学,1994(04):140-144.

[4] 魏玉山.出版产业与支柱产业[J].出版发行研究,1999(01):10-11.

[5] 张忠晔.关于出版产业化若干问题之探讨[J].科技与出版,1999(06):8-10.

[6] 于友先.产业化:21世纪中国出版必由之路(上)[J].出版经济,2003(06):4-7.

[7] 于友先.产业化:21世纪中国出版必由之路(下)[J].出版经济,2003(07):4-8.

[8] 于友先.论现代出版产业市场运动规律[J].出版发行研究,2003(01):7-11.

[9] 曾庆宾.中国出版产业发展研究[D].广州:暨南大学,2003.

[10] 周蔚华.出版产业研究[M].北京:中国人民大学出版社,2005.

[11] 邹微微.新形势下我国图书出版产业发展研究[D].南昌:南昌大学,2008.

[12] 李治堂.我国出版产业结构变化及启示[J].科技与出版,2014(11):97-101.

[13] 赵光菊.我国出版产业结构调整研究[D].北京:北京印刷学院,2010.

[14] 马勇,赵文义,杨琦.我国出版产业结构及其演变趋势研究[J].编辑之友,2012(06):26-28.

[15] 韩跃杰,孙守增,杨琦.出版产业结构优化研究[J].科技与出版,2013(06):34-37.

[16] 芮海田,赵义文,孙守增.出版产业结构的界定[J].技术与创新管理,2013(03):276-280.

[17] 马杰.新技术:出版产业结构优化和产业水平提高的原动力——辽宁出版集团专题调研[J].编辑之友,2003(02):30-32.

[18] 张霞.跨媒体经营——出版产业结构调整新走向[J].图书情报知识,2005(01):63-67.

[19] 周蔚华.中国图书出版产业结构分析[J].出版经济,2003(03):6-9.

[20] 周蔚华.后现代阅读方式的兴起与出版转型[J].中国编辑研究,2009(00):252-265.

[21] 李远涛.中国图书出版产业的竞争结构与竞争趋势研究[D].上海:复旦大学,2010.

[22] 赵洪斌,于文涛,王书哲.中国出版产业结构优化升级的问题与对策[J].现代传播,2015(06):7-13.

[23] 郝振省.2007-2008中国数字出版产业年度报告[M].北京:中国书籍出版社,2008.

[24] 郝振省.2005-2006中国数字出版产业年度报告[M].北京:中国书籍出版社,2007.

[25] 杨慧娟.传统出版向数字出版的转型及创新研究[D].郑州:郑州大学,2013.

[26] 杨中举,等.微传播研究[M].西安:西安交通大学出版社,2006.

[27] 郭妍妍.基于产业链合作竞争的我国移动数字出版产业结构研究[D].北京:北京交通大学,2012.

[28] 吕强龙.冲突与整合——中国数字出版产业链研究[D].上海:复旦大学,2013.

[29] 肖洋.数字出版产业的主导产业选择与实证研究——基于主成分分析法的视角[J].科技与出版,2013(09):86-88.

[30] 肖洋.数字出版产业结构调整与经济增长关系实证研究[J].中国出版,2014(02):6-10.

[31] 严定友,段唯.论数字时代的内容出版[J].出版发行研究,2009(12):53-55.